KB268349

넌 아름다워, 누가 뭐라 말하든

안준철의 시와 아이들

교육공동체 벗

넌 아름다워, 누가 뭐라 말하든
안준철의 시와 아이들

ⓒ 안준철, 2011

2011년 11월 30일 처음 펴냄
2016년 6월 10일 초판 4쇄 찍음

글쓴이 | 안준철
기획·편집 | 이진주, 설원민
출판자문위원 | 이상대, 박진환
디자인 | the DNC
종이 | 화인페이퍼
인쇄 | 주손디앤피

펴낸이 | 김기언
펴낸곳 | 교육공동체 벗
이사장 | 임덕연
사무국 | 최승훈, 이진주, 설원민, 김기언, 공현
출판등록 | 제2011-000022호(2011년 1월 14일)
주소 | 서울시 마포구 성미산로1길 30 2층
전화 | 02-332-0712, 070-8250-0712
전송 | 0505-115-0712
홈페이지 | communebut.com
카페 | cafe.daum.net/communebut

※ ISBN 978-89-966034-2-9 03370

이 도서의 국립중앙도서관 출판시도서목록(CIP)은 서지정보유통지원시스템 홈페이지(seoji.nl.go.kr)와
국가자료공동목록시스템(www.nl.go.kr/kolisnet)에서 이용하실 수 있습니다. (CIP제어번호 : CIP2011005123)

넌 아름다워,
누가 뭐라 말하든

안준철의 시와 아이들

차 례

3부 수업하다가 세 번 울었습니다

진실의 성장,
그리고
아이들과의
사소한 이야기

교직은 고상한 직종이 못 된다. 올해도 나는 개학하기가 무섭게 아이들과 닭싸움을 했다. 이제는 웬만한 일에는 눈 하나 깜짝하지 않을 만큼 내공을 쌓았다고 자신했는데 아이들과 사소하기 짝이 없는 일로 티격태격한 것이다. 하지만 그런 내가 가엾게 여겨지지는 않았다. 그것이 내 일이겠거니 했다. 전보다 싸움의 양상이 사뭇 달라진 점도 나를 고무시켰다. 독을 품고 매섭게 몰아붙인 것도 아닌데 아이들이 제풀에 꺾여 싸움이 싱겁게 끝나곤 했다.

도대체 뭐가 달라졌을까? 상대를 알아야 싸움에서 이긴다는 고사성어도 있지만 내가 학교에서 아이들과 벌이는 싸움은 상대보다는 나 자신을 먼저 알아야 승산이 있다. 나는 아이들 앞에서 진실한가? 어제의 진실은 어제의 진실일 뿐이다. 나는 오늘 아이들 앞에서 진실한가? 싸움에서 이기기 위해 술수를 쓰지는 않았는가? 상황을 유리하게 하려고 교사의 권위를 내세우지는 않았는가? 나는 벌거벗은 진실로 아이들을 만나고 있는가? 오랫동안 이 물음들은 교사로서 나의 자질을 테스트하는 리트머스 시험지였다.

그런데 왜 하필 진실인가? 진실하지 않아, 진실하지 못해 절망을 느낀 것은 오래전 시를 배우기 시작할 무렵이었다. 담임을 맡은 아이들에게 써 준 생일 시를 모아 첫 시집을 낸 뒤에 나는 본격적으로 시를 써 보고 싶었다. 아이들을 위한 시가 아니라 나를 위한 시를. 나는 정말 좋은 시를 쓰고 싶었다. 물론 그것은 일종의 욕망이었다. 헌데 아이러니하게도 그 욕망의 방해물은 내가 진실하지 않다는, 바로 그것이었다.

사물을 진실하게 바라볼 수 없다는 것은 시인으로서 부적격, 혹은 불능을 의미한다. 나는 좋은 시를 쓰기 위해서라도 진실한 사람이 되어야만 했다. 그것은 아이들과 관계에서도 마찬가지였다. 내가 진실하지 않고서는 아이들과의 진실한 소통은 꿈꿀 수조차 없었다. 나는 아이들과의 소통을 위해서라도 진실한 사람이 될 필요가 있었던 것이다.

아이들 내면의 성장은 안중에도 없는 오늘날과 같은 교육 풍토 속에서는 아이들에게 진실한 교사가 능력 있는 교사로 대접받기는 매우 어렵다. 교사의 능력이란 것이 눈에 보이는 현상이나 수치로만 계산될 공산이 크기 때문이다. 내 주변에는 나쁜 교사가 되겠노라고 아예 공공연히 말하는 교사들도 있다. 그 자조 섞인 말 속에는 좋은 교사는 곧 무능한 교사라는 등식이 은연중에 작용하고 있음을 알 수 있다.

그런 등식은 관리자의 시선만이 아닌, 학생들과의 관계 속에서도 여실히 드러난다. 학생들을 인격적으로 대하려고 노력할수록 오히려 그들로부터 푸대접을 받는 억울한 일이 생기기도 하는 것이다. 그렇다고 아이들을 비인격적으로 대할 수는 없는 노릇이다. 그렇다면 어떻게 할 것인가? 나는 요즘 이런 난제를 조금씩 풀어 가고 있다. 그 방법은 뜻밖에 간단하다.

아이들에게 느리게 다가가는 것. 아이들의 행동에 느리게 반응하는 것. 하고 싶은 말을 다 할 때까지 잠자코 있어 주는 것. 느린 속도로 아이들의 진실을 채취하는 것. 그렇게 '진실하고 느리게' 아이들에게 다가가는 것. 여유를 부리며 느린 척하는 것이 아니라 정말 느려터진 교사가 되는 것. 그렇게 함으로써 서서히 아이들의 힘을 빼는 것.

하지만 이것만으로는 부족하다. 중요한 것이 하나 더 있다. 아이의 진실을 성장시켜 주는 것. 말하자면 싸움의 도를 아이에게 가르치는 것이다. 나는 신사적으로 대하는데 상대가 비굴하게 나오면 지는 싸움이 되기 십상이다. 그러니 아이의 진실을 나와 비슷한 수준으로 끌어올리는 것이다. 나는 지금도 아이들과 닭싸움을 곧잘 한다. 내가 이길 때도 있고 아이들이 이길 때도 있다. 누가 이기든 중요하지 않다. 어느 쪽이든 진실이 이기면 되는 거니까.

요즘 학생인권 문제가 대두하면서 교사 스스로의 성찰이나 결의가 아닌, 이른바 위로부터의 개혁을 통해 체벌이 사라진 학교 현장에는 고개 숙인 교사들이 많아졌다. 내 주변에도 아이들과의 소통의 어려움을 호소하며 명예퇴직을 운운하는 교사들이 상당수 있다. 학생의 인권과 교사의 교권이 함께 존중되는 학교 문화는 존재할 수 없는가?

　　　　　　　　진실의 성장, 그리고 아이들과의 사소한 이야기

내가 학생들에게 체벌하지 않겠다고 선언한 것은 꽤 오래전 일이다. 그것은 학생들에게 가장 소중한 덕목인 자율성을 기대할 수 없는 학교교육에 대한 절망감 때문이었다. 매에 길들여진 아이들에게 자율성을 기대할 수 없는 것은 너무도 당연한 얘기다. 그렇다면 매를 내려놓는 것 외에 달리 선택할 방법이 없었다. 지금 생각해 보면, 좀 더 일찍 매를 내려놓은 것이 나로서는 좋은 선택이었다.

사실 그것은 나 자신을 위한 일이기도 했다. 매가 만병통치약이 되면 교사는 학생들을 어떻게 지도할 것인지 머리를 쓸 필요가 없게 된다. 오랫동안 머리를 쓰지 않다 보면 종국에는 생각하는 힘이 퇴화하고 상상력이 고갈되어 아주 사소한 사건도 매가 아니면 해결할 수 없는 상태에 빠지게 된다. 이는 전문직 노동자인 교사로서 전락을 의미한다.

이 책은 교사로서 나의 성장과 아이들과의 사소한 이야기를 주로 다루고 있다. 아이들이 나와 진검 승부를 할 수 있도록 그들의 진실을 키워 준 이야기도 있다. 사랑이란 말이 좀 쑥스럽지만, 아이들과의 못난 사랑 이야기도 담겨 있다. 이제 교사로서 내 꿈은 '사랑의 교사'가 되는 것이 아니다. 내가 만난 아이들이 '사랑의 사람'이 되는 것이다. 내가 아이들을 어떤 조건이나 업적을 따져 가

 책을 펴내며

며 사랑하지 아니하듯, 그들도 자신을 있는 그대로 사랑하고 그 사랑의 외연을 넓혀 주기를 바라는 것이다.

나는 이 책이 아이들과의 소통 문제로 고민하는 교사나 학부모들에게 작은 도움이 되어 주기를 바라지만, 그럴 만한 책이라고 솔직히 장담은 못하겠다. 그래도 못난 글 솜씨지만 게으름을 피우지 않고 꾸준히 써 오길 잘했다는 생각이 든다. 제때 기록해 두지 않았다면 내 기억의 노트에서 다 지워지고 말았을 지나온 순간순간들이 오롯이 되살아나는 느낌이다. 하여, 이 작고 보잘것없는 책의 애독자는 누구보다도 나 자신이 될 것 같다.

2011년 11월
안 준 철

설렘도 없이 아이들을 만날 뻔했습니다
난 아름다워, 누가 뭐라고 말하든
어느 '배신자'가 늘어놓는 변심에 대한 변명
나이가 700만 17살인 아이가 있다면?
바보 선생님과 똑똑한 아이들
'쉬운 사랑' 이야기
2% 부족한 아이들과의 사랑
"선생님, 지금 착한 척하시는 거잖아요!"
네가 내민 사탕에서는 언제나 담배 냄새가 났지!
사랑하는 사람끼리는 거짓말하지 않는 거야!
"저 지금 코딱지 파고 있는데요!"

1부

'쉬운 사랑' 이야기

설렘도 없이 아이들을 만날 뻔했습니다

1학년 수업을 맡게 되면 아이들과의 첫 만남이 개학 다음 날로 미루어진다. 1학년 신입생들은 입학식이 끝나자마자 학교에서 진행하는 오리엔테이션 프로그램에 참여해야 하기 때문이다. 이 하루 동안의 공백이 나에게 좋은 약이 되어 주기도 한다.

약이 되었다는 것은 어딘가 아팠다는 말이 되기도 하는데, 맞다. 마음이 조금, 아니 많이 아팠다. 마음이야 늘 아프기도 하고 낫기도 하고 그러는 법이지만 이번에는 좀 달랐다. 방학 내내 아팠는데 개학 첫날까지도 그 아픔이 남아 있었으니 말이다.

새 학기가 되면 여기저기서 아이들은 초기에 '확' 잡아야 한다는 말들이 들린다. 그 말이 만고의 진리처럼 통용되는 곳에서 다른 생각을 하고 사는 사람은 그만큼 힘들 수밖에 없다. 그렇다고 그것이 곧 아픔이 되지는 않는다. 사랑은 더디지만 질량불변의 법칙처럼 그 사랑이 어디 가지는 않으리라는 고전적인 믿음을 가지고 있는 나로서는 내 부족한 사랑만 탓하면 될 일이었다. 하여, 아이들을 잡아야 한다는 말을 들을 때마다 이렇게 코웃음을 쳤던 것이다.

'아이들을 잡긴 왜 잡어? 사랑을 해도 될까 말까 하는 아이들을.'

내가 근무하는 학교가 특성화고(전문계고)이다 보니 아무래도 학습에 대한 자기 동기가 부족한 아이들이 많은 편이다. 스스로 공부할 생각이 없는 아이들은 외부에서 도움이나 자극을 주어야 하는데 문제는 그 방법이다. 가령, 책도 공책도 심지어는 볼펜조차도 없이 멍하니 앉아 있는 아이를 어떻게 할 것인가? 이런 경우, 손바닥을 몇 대 때리든지 해서 초기에 따끔하게 버릇을 고쳐 주는 것도 나쁘지는 않을 것이다.

하지만 나는 그럴 수가 없었다. 아이들에게 매를 대지 않기로 나 자신과 약속한 것으로도 모자라, 아예 학생들 앞에서 체벌 금지 선언을 해 버렸기 때문이다. 물론 사랑의 매가 필요할 때도 있다. 하지만 한번 매를 대기 시작하면 매를 대지 않고 아이들을 지도하는 것이 불가능해진다. 금방 나타나는 효과에만 자꾸 의존하다 보면 아이들 스스로 싹을 키워 갈 수 있는 기회도 사라지고 만다.

어느 해인가 수업 시간에 아이들이 너무 떠든다 싶어서 몇 번 간곡하게 부탁을 했는데 아무런 반응이 없자 한 아이를 불러서 빗자루로 손바닥을 딱 한 대 때린 적이 있었다. 그랬더니 수업이 끝날 때까지 교실이 쥐 죽은 듯이 조용했다. 평소 매를 대지 않던 내게 매를 들도록 만든 것이 미안해서 그랬는지, 아니면 매가 무서워 그랬는지 모르지만 어쨌거나 매 한 대의 위력은 참으로 대단했다.

나는 그것이 못내 섭섭했고 아이들이 원망스럽기까지 했다. 하지만 이런 쉬운 길이 있었는데 그동안 참 멍청하게 아이들을 지도했다는 생각 따윈 들지는 않았다. 오히려 그 반대였다. 교사의 간곡한 말보다도 매 한 대를 더 무서워하는 아이들을 이대로 둘 것인가?

입학식을 하던 날, 나는 다음 날이면 수업 시간에 만날 아이들을 먼발치로 바라보았다. 그런데 아이들을 바라보는 내 마음이 편하지가 않았다. 아이들과의 첫 만남을 어떻게 할 것인가? 나는 첫 수업 시간에 아이들과 나눌 이야깃거리도 준비해 놓고 있지 않은 상태였다. 게을러서가 아니라, 만약 아이들을 '확' 잡아야 할 판이라면 그들에게 들려줄 이야기의 내용도 확 달라져야 했기 때문이다.

그렇다면 어떻게 할 것인가? 매를 대지 않으면 말로 할 수밖에 없는데 그것을 잔소리로 받아들이는 아이들을 어떻게 할 것인가? 한 아이를 우주보다도 더 존귀하게 여기고 그에 합당한 대접을 해 주려는 것인데 그런 깊은 마음은 헤아리지 않고 나를 물렁하게만 보는 아이들을 어떻게 할 것인가? 매를 대지 않고 말로 타이르는 것을 고마워하면서도 그것이 편한 나머지 자꾸만 버릇이 없어지는 아이들은 또 어떻게 할 것인가?

　교사라면 누구나 한번쯤은 해 봄 직한 고민이다. 하지만 겨울방학 내내 들끓던 이런 고민들은 새 학기가 시작될 무렵이면 흔적도 없이 머리에서 지워지곤 했었다. 그것은 마치 겨울이 가고 봄이 오는 자연의 이치와도 같은 것이었다. 무릇 생명이 있는 것들은 한동안 죽은 듯이 있다가도 때가 되면 언제 그랬냐는 듯 다시 환하고 찬란하게 피어나기 마련이다. 아이들을 향한 내 마음도 긴 어둠의 터널을 지나온 듯 다시 환하게 밝아 오곤 했던 것이다.

　하지만 이번에는 달랐다. 봄이 왔는데도 나는 봄을 느낄 수가 없었다. 아이들을 어떻게 만날 것인지 갈피를 잡을 수가 없었다. 날은 어두워지는데 갈림길에 서서 갈 길을 정하지 못하고 서성이는 가련한 신세가 되고 만 것이었다. 아, 아이들을 어떻게 만날 것인가? 갈수록 강제에 길들여지고 있는 아이들을 어떻게 할 것인가? 속내를 털어놓자면, 아이들보다는 나 자신이 무능無能 교사가 되는 것이 더 두려웠던 것이다.

　다음 날, 나는 첫 수업을 하기 위해 출석부와 교과서를 챙겨 들고 교실에 들어갔다. 임시 반장이라는 아이가 자리에서 일어나 구령을 붙이려는 것을 만류하고 서로 손을 흔들며 영어로 인사하는 법을 가르쳐 주었다. 그리고 해마다 그래 왔듯이 일일이 눈을 맞추며 출석을 부른 뒤에 한껏 표정이 밝아진 아이들을 향해 이렇게 물었다.

"여러분 중에서 영어에 소질이 있거나, 영어를 잘하거나, 영어를 잘 못해도 영어를 좋아하는 사람이 있으면 손을 들어 보세요."

서로 얼굴만 멀뚱히 바라볼 뿐 손을 드는 아이는 한 명도 없었다. 내가 다시 물었다. "그럼 여러분 중에 영어를 정말 못한다, 아니면 영어는 정말 싫다, 아니면 영어를 포기했다, 이런 사람 손들어 보세요."

이번에는 거의 모든 아이들의 손이 올라갔다. 나는 이미 예상한 일이었으므로 실망하거나 놀란 기색이 없이 아이들을 향해 싱긋이 웃으며 이렇게 말했다.

"이제 곧 여러분은 영어를 좋아하게 될 것입니다. 저하고 내기해도 좋아요. 다만, 여러분 자신을 사랑하겠다는 약속만 저에게 해 주세요."

그날 나는 해마다 첫 수업 시간에 그랬듯이 아이들 앞에서 친절 서약을 했다. 그 내용을 공책 맨 앞에 적게 하고 만약 내가 약속을 어기게 되면 언제라도 지적하여 그 약속을 상기시켜 달라고 부탁을 했다. 그렇게 해 준 학생에게는 고마운 마음의 표시로 작은 선물을 주겠다고도 했다. 그리고는 마지막으로 내가 왜 친절한 교사가 되려고 하는지 그 이유를 이렇게 설명해 주었다.

"교사는 학생에게 친절해야 할 의무가 있습니다. 또한 여러분은 교사에게 친절하게 대해 달라고 요구할 권리가 있습니다. 그것은

  '쉬운 사랑' 이야기

여러분이 이 학교에서 가장 중요한 사람이기 때문이지요. 여러분이 없으면 여러분을 가르칠 교사가 없어도 되고, 교사가 없으면 교사를 지도하고 감독할 교장 선생님도 계실 필요가 없으니까요. 물론 학교가 존재할 이유도 없어지겠지요. 여러분은 그만큼 중요한 사람입니다. 그러니 여러분도 여러분 자신을 함부로 대해서는 안 되겠지요?"

나는 첫날 아이들을 잡기는커녕 일을 더 크게 벌이고 만 셈이었다. 그 말에 기가 살아 일 년 내내 나를 못살게 굴 것이 뻔한데도 말이다. 어쨌거나 개학하고 아이들을 만나기까지 그 하루의 여백이 없었다면 설렘도 없이 아이들을 만날 뻔했다. 다행히도 그날 하루가 다하기 전에 나에게 깨달음이 온 것이다. 하굣길에 운동장을 걸어가는 한 아이! 이 세상 무엇과도 바꿀 수 없는 저 고유한 생명을 대하는 설렘을 잃지만 않는다면 교육의 실패는 없을 거라는.

난 아름다워, 누가 뭐라고 말하든

수업하다가 학생들로부터 박수를 받는 일은 참 드문 일이다. 그 드문 경우도 대개는 아이들의 얄팍한 계산에서 나온 수작일 가능성이 많다. 요즘 아이들이 그렇다. 나이가 나이니만큼 생각이 짧고 감정적인 것은 참아 줄 만한데, 순수하지가 않다. 아니, 않아 보인다. 진실의 반응속도가 너무 느리다고나 할까?

팝송으로 영어를 배우는 영어 보충 시간이었다. 그날 내가 칠판에 가득 적어 놓은 팝송은 크리스티나 아길레라의 〈Beautiful〉이었다. 아이들이나 나나 처음 듣는 곡이었다. 방학 동안에 애써 골라 놓은 곡들은 박자가 느리고 처진다는 이유로 아이들이 퇴짜를 놓은 것이다. 다행히 가수의 음색이나 창법이 퍽 매력적이었다. 아이들도 괜찮다는 반응이었다. 문제는 가사였다. 가령, 다음과 같은 대목을 어떻게 설명해야 하나?

매일 한결같이 너무 행복해

그러다가 갑자기 숨이 턱 막혀 오는 거야

이젠 불안하기까지 해

이런 모든 고통으로 인해 정말 창피할 뿐이야

난 아름다워

남들이 뭐라 말하든

어떤 말도 날 좌절하게 만들지 못해

난 아름다워

'모든 고통으로 인해 정말 창피할 뿐' 이라면서 느닷없이 '난 아름다워' 라니? 처음 노래를 고를 때도 혹시 번역에 문제가 있나 자세히 살펴보았지만 그건 아니었다. 궁금증이 일어 얼른 우리말로 번역된 가사를 끝까지 읽고 난 뒤에야 나는 고개가 끄덕여졌다. 유독 내 시선을 끈 대목이 있었다. 코끝이 찡해질 정도로.

퍼즐이 완성되지 못한 채

퍼즐 조각들은 어디론지 사라졌어

언제나 그런 식이지

넌 아름다워

하지만 나는 교실에 들어서자마자 상황이 좋지 않다는 것을 직감했다. 광수 때문이었다. 좀 더 정확히 말하면 광수의 풀린 눈빛 때문이었다. 물론 수업을 시작하기 전부터 이미 눈이 풀려 있는 아이들이 종종 눈에 띄기 마련이다. 대개는 관능의 포로(?)가 된 야행성들이다. 어쨌거나 그들에게 생기를 불어넣어 주는 것은 교사의 몫이다.

하지만 광수의 경우는 애기가 좀 복잡하다. 광수는 원래가 생기발랄한 녀석이다. 다만, 감정의 기복이 심하고, 그것이 어떤 일정한 주기를 탄다는 것이 문제이다. 지나치게 생기발랄하거나 아니면 눈이 완전히 풀어져 있거나.

나는 수업을 할 때 한 가지 나쁜 버릇이 있었다. 그것은 한 아이라도 수업에 집중하지 않으면 수업을 잘 진행하지 못한다는 것이다. 그 아이를 포기하는 것 같은 기분이 들어서인데, 그러다 보니 수업이 자주 끊기는 것이 문제였다. 그런 단점을 극복하기 위해 오랜 고민과 숙고 끝에 고안해 낸 방법이 있다.

수업에 집중하지 않고 떠들거나 딴짓을 하고 있는 아이가 있으면 수업을 계속 진행하면서 그 아이의 이름을 부른다. 그러면 아이는 자리에서 일어나 잠깐 서 있다가 다시 앉는다. 그래도 문제가 해결되지 않으면 다시 이름을 부른다. 아이는 자리에서 일어났다가 다시 앉는다. 그런 식으로 서너 번만 하면 수업을 멈추지 않고도 아이들을 지도할 수가 있다. 물론 그 정도로는 약발이 먹히지 않는 녀석들도 있지만.

그날 광수는 열 번도 더 넘게 자리에서 일어났다가 앉았다. 처음에는 비몽사몽 간에 기계적으로 자리에서 일어섰다가 앉았다가 하더니 차츰 머리를 흔들며 자신을 일깨우는 모습이 역력했다. 수업은 계속 진행되고 있었다. 처음과는 달리 아이들의 눈빛도 차츰 진지해져 갔다. 드디어 그 대목이 왔다. 그런데 때마침 광수의 눈이 또 풀어지고 있었다. 나는 광수의 이름을 다시 한번 불렀다. 이번에는 조금 목소리가 커졌다.

"광수야, 눈 떠. 눈 떠라. 선생님이 네 이름을 열 번도 더 불렀을 거야. 그때마다 넌 아무런 불평도 없이 자리에서 일어났다가 앉았어. 만약 네가 일어나지 않았다고 해도 난 널 때리지 않았을 거야. 그걸 넌 알고 있지. 그런데도 넌 선생님 말씀을 거역하지 않고 일어났다가 다시 앉았어. 넌 훌륭한 거야. 넌 아름다워. 넌 충분히 아름다워. 그러니까 이제 눈 떠라. 꼭 너에게 해 주고 싶은 말이 있어서 그래. 지금 바로 그 대목이야."

드디어 광수의 눈빛이 되살아났다. 녀석은 그래도 혹시 모르니 서서 수업을 받겠다고 했다. 나는 광수와 다른 아이들을 바라보면서 뜨겁게 입을 열었다.

"퍼즐이 완성되지 못한 채 퍼즐 조각이 사라져 버렸다는 말은 무슨 뜻일까요? 퍼즐을 꿈이라는 단어로 바꿔 보면 쉽게 이해할 수 있어요. 꿈이 완성되지 못한 채 꿈 조각들이 사라져 버렸다는 것은 절망적인 상황을 얘기하고 있는 거예요. 그것도 언제나 그런 식이라고 말하고 있어요. 절망의 지속은 얼마나 끔찍한 상황인가요? 그런데 '넌 아름다워' 라니요? 왜요? 왜 아름답다는 거지요? 아름다울 것이 쥐뿔도 없는데. 늘 그 모양 그 꼴인데."

여기까지 말하고 나는 잠깐 호흡을 멈추었다. 방금 전에 발음해 버린 '늘 그 모양 그 꼴' 이라는 말이 마음에 걸려서다. 그것이 사실이라고 해도(아니, 사실이기에 더욱) 나는 웬만해서는 학생들의 단점을 들먹이지 않았던 것이다. 그런 내 마음을 읽은 것일까? 우려와는 달리 정작 아이들은 그 말을 받아들이고 있는 듯했다. 나는 아이들을 뜨겁게 바라보며 다시 입을 열었다.

"여러분, 여러분은 아름다워요. 여러분이 공부를 조금 잘하고 못하고는 여러분의 아름다움을 결정짓는 큰 잣대가 될 수 없어요. 그리고 내가 아름답다는 것은 하나의 선언일 수 있어요. 아름답게 살겠다는 선언. 여러분도 내가 아름답다고 선언해 보세요. 그리고 내가 선언한 대로 아름다운 삶을 사는 거예요. 우리에게 중요한 것은 과거가 아니라 바로 오늘이잖아요. 오늘부터 아름답게 살면 되는 거잖아요."

어디선가 박수 소리가 들린 것은 바로 이때였다. 정말 뜻밖의 순

'쉬운 사랑' 이야기

간에 뜻밖의 아이가 박수를 쳤고, 곧이어 서너 명의 아이가 합세를 하더니 박수 소리가 더 커지기 시작했다. 나도 덩달아 박수를 쳤지만 정작 박수를 받아야 할 사람이 누구인지 나는 알고 있었다. 평소에는 철없이 보이는 아이들. 진실에 대한 반응속도가 너무 느려 가끔은 나를 속상하게 하는 아이들. 하지만 진실이 살아 있는 아이들. 그들이, 아름다운 그들이 바로 박수를 받아야 할 주인공들이었다. 누가 뭐라 말하든.

어느 '배신자'가 늘어놓는 변심에 대한 변명

급식실로 가는 길에 한 무리의 여학생들을 만났다. 나를 바라보는 아이들의 표정이 좀 야릇하다 싶었는데, 한 아이가 잠시 걸음을 멈추더니 다짜고짜 이렇게 물었다.

"행복하세요?"

"나? 난 늘 행복하잖아."

"우리하고 안 만나고 선생님 반 애들만 만나니까 행복하냐고요?"

"난 또 뭐라고."

"말해 보세요. 지금 행복하시냐고요?"

"난 늘 행복하다고 했잖아."

"말 돌리지 마시고요."

"왜 또 그래?"

"배신자!"

벌써 세 번째 입씨름이다. 그래도 귀찮기는커녕 귀엽고 고맙기만 하다. 정년이 한자릿수로 남게 되면서부터 아이들이 혹시 나를 싫어하지 않을까? 풀풀 쉰내가 난다고 나를 멀리하지는 않을까? 은근히 마음 졸이며 걱정을 했던 것이 사실이다. 그런데 마치 배신한 정인을 다그치듯 새로 만난 아이들과 행복하냐고, 말 돌리지 말라고, 고문 아닌 고문을 해 대는 것이다. 그러니 어찌 고맙지 않겠는가.

사실, 나는 아이들에게 배신자라는 말을 들어도 할 말이 없다. 그 이유는 말 그대로 내가 아이들을 배신했기 때문이다. 말하자면 변심을 한 것이다. 지금 내 마음은 오로지 새로 만난 아이들 생각으로 꽉 차 있다. 나 자신도 놀랄 만한 일이다. 작년 한 해 동안 아이들과 정이 들어도 보통 든 것이 아닌데 어떻게 그럴 수가 있을까? 아이들이 이런 내 마음을 알기라도 한다면 그들이 느끼는 배신감은 더 커질 것이다. 물론 그런 감정이 오래 지속될 것 같지는 않지만.

개학을 하고 사흘 동안 반 아이들과 틈틈이 면담을 했다. 아이들과 면담을 다 끝내고 난 뒤 나는 마치 꿈을 꾼 듯했다. 불과 며칠 전까지만 해도 나와는 아무런 상관도 없었던 아이들이 아닌가. 그들이 내 앞에서 엄청난 이야기를 쏟아 낸 것이다. 면담을 하는 동안 마치 눈에 안약이라도 넣은 듯 주르륵 눈물을 흘리는 아이도 있었다. 누구에게도 숨기고 싶었을 가슴 아픈 사연들을 내게 털어놓은 것은 단 한 가지 이유 때문이었다. 내가 그 아이의 담임선생님이란 사실 말이다.

물론 담임교사라고 해서 한 아이의 가정사를 꼬치꼬치 캐물어 볼 권리는 없다. 하지만 납부금과 급식비를 면제해 주거나 장학금을 받도록 주선해 주기 위해서는 그런 통과의례를 거쳐야만 한다. 아이들의 상처를 치유해 주기 위해서도 그런 과정은 꼭 필요하다. 하지만 그렇다 하더라도 해마다 연중행사처럼 반복되는 이런 일들이 당사자인 아이들에게는 얼마나 괴롭고 힘든 일일까?

다행히도 아이들은 나를 믿고 있는 것 같았다. 내가 그들을 동정하거나 연민하는 것이 아니라, 사랑하고 있다는 사실을 말이다. 어린 나이에, 그것도 일주일이 채 안 되는 짧은 시간에 아이들은 어떻게 나를 파악할 수 있었을까? 그것은 아마도 내가 그들에게 전해 준 '생명 값' 에 대한 이야기 때문이었는지도 모르겠다.

"2와 60의 차이는 얼마일까요? 30배지요. 그러면 20조 2와 20조 60의 차이는 얼마나 될까요? 거의 차이가 없지요. 그 이유는 2와 60 앞에 붙어 있는 20조라는 숫자가 너무 크기 때문입니다. 그 20조라는 큰 숫자를 저는 '생명 값' 이라고 부르고 싶습니다. 여러분은 모두 개성과 외모가 다르고 제각기 다른 환경 속에서 자라고 있습니다. 하지만 그 차이가 아무리 크다고 해도 여러분의 '생명 값' 에 비하면 아무것도 아닙니다. 남들보다 신체적인 조건이 조금 못하다고, 남들보다 조금 못한 환경에서 자란다고 절대 기죽지 않았으면 좋겠습니다. 여러분은 여러분 생명 자체로 눈부십니다. 아, 눈부시다! (이 대목에서 아이들이 환히 웃었다!) 조금 가난하고 부족하고 힘이 들어도 당당하고 쿨하고 멋지게 삽시다!"

올해 우리 반 아이들 중에는 유독 아버지가 안 계시는 아이들이 많다. 그 사연도 다양하다. 그중 한 아이는 아버지 이름을 쓰는 칸에 '안계심'이라고 적어서 냈다. 처음에는 아이 부친의 이름이 '안계심'인 줄 알고는, "어, 성이 다르네!" 하고 깜짝 놀라기도 했다. (고백하자면, 나는 동료 교사들로부터 '사오정'이라는 소리를 자주 듣는다.) 내가 생각해도 웃음이 나와 한참을 웃다가 문득 아이에게 미안한 마음이 들었다. 다음 날 그 아이와 면담을 하면서 그때의 일이 생각나서 이런 수작을 걸었다.

"나, 네 아빠하고 성이 같다."

"아닌데요. 아빠는 성이 김씬데 선생님은 안씨잖아요?"

"너 아빠 성함 쓰는 칸에 안계심이라고 썼던데 뭐. 안계심이니까 성이 안씨잖아."

"에이 썰렁해요, 선생님."

"나 한 해 동안 네 아빠 할 거야. 아빠니까 너 많이 사랑할 거고. 그런데 내가 너를 사랑하는 것보다도 네가 너 자신을 더 많이 사랑해야 해. 약속할 수 있지?"

  어느 '배신자'가 늘어놓는 변심에 대한 변명

"예. 선생님!"

우리는 약속의 의미로 새끼손가락을 걸고, 아이가 시키는 대로 손바닥 마찰까지 했다.

그 다음 주에는 모둠별로 아이들을 데리고 학교 도서관으로 갔다. 학교 도서관에 수만 권의 책이 있지만 아이들은 책을 읽으려고 하지 않는다. 그저 시간을 죽이기 위해 읽는 책이 아닌 자기 성장에 도움이 되는 책은 어딘지 어렵고 딱딱하게 느껴지기 때문이다. 그것은 아이들에게 독서 훈련의 경험이 부족하기 때문일 수도 있다.

그 책임은 우리 교사에게도 있다. 학생들이 책과 친해지려면 교사의 도움이 절대적으로 필요하다. 하지만 학기 초가 되면 대다수의 교사들은 학생들의 독서 훈련에 관심을 갖기보다는 두발이나 복장 단속을 하는 데 더 많은 시간과 에너지를 소비한다. 무엇을 하도록 도와주고 격려하기보다는 무엇을 하지 않도록 금지하고 단속하는 것이 학교의 중요한 일이 되어 버린 것이다.

아이들은 무엇을 하지 않기 위해서 태어난 존재가 아니다. 나는 한 해 동안 아이들과 무언가를 하고 싶다. 웃으면서 하고 싶다. 아이들의 바른 성장과 행복을 위해서 교사로서 최선을 다하고 싶다. 내가 맡은 아이들이 무언가를 하지 못하도록 금지하고 단속하는 것으로 소중한 시간을 허송하고 싶지 않다. 그러기에는 너무도 눈부신 아이들이 아닌가.

나이가 700만 17살인 아이가 있다면?

자연! 자연이라는 이름을 가진 아이가 있다. 자연은 가장 흔하면서도 가장 위대한 그 무엇이다. 그런 범상치 않은 아이의 이름을 함부로 부를 수가 없어서 나는 자연이의 이름을 부를 때만은 아이의 눈을 바라보지 않고 창밖의 자연을 바라보곤 한다. 마치 연극 대사라도 외우듯 창문을 열고 "자연아!" 하고 크게 부르면 대답 없는 자연 대신 교실 안에 있는 자연이가 우스워 죽겠다는 표정을 짓곤 한다.

자연이는 창밖으로 내다보이는 푸르른 자연만큼이나 싱싱함이 느껴지는 아이다. 그런 딸이 하나 있으면 참 좋겠다는 생각이 들게 할 정도인데, 가끔 수업 시간에 멍하니 앉아 있는 것이 흠이라면 흠이다. 그러다 보니 수업 시간에 자연이의 이름을 자주 부르게 되고, 그것이 교사인 나나 아이에게 적지 않은 스트레스가 될 수 있겠다 싶어 가끔씩 창밖의 자연을 큰 소리로 불러 보는 일종의 퍼포

먼스를 하게 되는 것이다.

그런 잔꾀를 써서라도 아이들과 화목하게 지내고 싶은 것이 내 마음이지만, 가끔은 아이들 자신을 위해서라도 따끔하게 혼내 줄 일이 생기기도 한다. 몇 번 돌이킬 수 있는 기회를 주어도 천연덕스럽게 거짓말을 할 때가 바로 그런 순간이다. 다행히도 자연이는 마지막 순간에 나의 진심을 받아들이고 거짓말한 것을 시인했지만, 그런 일이 있은 뒤로 서로를 바라보는 눈빛이 어색하고 사이가 거북해진 것만은 어쩔 도리가 없었다.

자연이는 방과 후에 하는 영어 수업을 자주 빼먹곤 했다. 원칙대로 방과 후 수업을 받고 싶은 아이들만 받도록 했다면 그런 일이 없었을 터이니 자연이의 잘못이라고만 말할 수도 없다. 그렇다고 수업을 맡고 있는 나로서는 아이를 그냥 내버려둘 수만도 없어서 수업을 빼먹을 때마다 찾아가 말로 타이르며 지도를 하곤 했는데 그런 과정에서 거짓말을 한 것이다.

따져 보면 별것이 아닌 일이지만 학교에서는 이런 별것 아닌 일로 학생들과 신경전을 벌일 때가 많다. 그것이 아니라도 아이들과 나눌 얘기가 무궁무진한데 말이다. 하루는 영 마음이 편치가 않아 복도를 서성이다가 자연이를 찾아가 이렇게 말했다.

"널 혼내려고 온 게 아니야. 사실은 사과하고 싶어서 온 거야. 선생님도 어쩔 수 없는 부분이 있지만 요즘 내가 너한테 다정하게 대해 주지 못했던 것 같아서 말이야. 방과 후 수업 빼먹은 것도 그렇지만 수업 시간에 자주 딴생각하는 거, 이해하면서도 안타까울 때가 있어. 널 사랑하지 않는다면 그런 안타까운 마음도 들지 않겠지? 그래도 미안하다."

"아니에요, 선생님. 제가 잘못했어요."

그런 일이 있고 난 며칠 뒤, 나는 놀라운 사실을 알게 되었다. 자연이의 나이가 무려 700만 17살이라는 것이었다. 그런 믿기 어려운 말을 내게 해 준 이는 평소에도 나와 아주 가깝게 지내는 동료 시인이다. 아니, 좀 더 명확히 말하면 동료 시인이 소개해 준 분석 심리학의 대가 칼 구스타프 융Carl Gustav Jung이다.

진화와 유전이 신체의 청사진을 제공하는 것과 같이 인간의 정신도 인류 초기 발달 단계부터 정신의 청사진을 제공할 수 있는데, 그것이 바로 칼 융이 처음 발설한 '집합 무의식' 개념이다. 집합 무의식은 프로이트가 천착했던 '개인 무의식'과 대별되는 개념이기도 하다. 개인 무의식이란 자아에게 인정받지 못한 경험으로 프로이트는 이 무의식의 범주를 어릴 적 해소되지 못한 욕구에 한정시키지만, 칼 융은 인간의 마음(무의식)이 개인의 과거뿐만 아니라 인류의 과거, 심지어는 생물 진화의 먼 과거까지 거슬러 올라간다고 주장한다.

진화론자들은 인간이 침팬지와 유전적 분리를 한 시기를 약 700만년 전으로 추정하고 있다고 한다. 올해 열일곱 살인 자연이의 나이를 700만 17살로 계산한 것도 바로 그런 이유에서다. 갑자기 자연이의 나이를 들먹이게 된 것은 나를 포함한 우리 교사들이 아이들을 너무 쉽게 판단해 버리는 경향이 있지 않나 해서이다. 인간의 미숙함으로 인한 작은 실수를 가지고 아이에게 저주에 가까운 비난을 퍼붓는 것도 그렇고, 인격적으로 대해 주면 머리 꼭대기에 앉을 거라고 지레짐작하는 것도 그렇다. 아이를 경험해 보지도 않고 그런 확신을 하는 것도 잘못이다. 한두 번의 경험만으로 아이의 삶 전체를 너무 쉽게 판단하는 것이 문제인 것이다. 무려 700만 17살이나 먹은 한 존재를.

이런 이야기를 내게 들려준 동료 시인은 어릴 적부터 모순투성이의 세상에 의문을 품어 왔다고 했다. 그런데 칼 융의 집합 무의식을 만났을 때 많은 의문이 풀렸다고 했다.

"칼 융의 심리학을 접한 뒤로는 무엇에 대하여 모른다는 것이 당연하다는 생각이 들었어요. 인류의 먼 과거로까지 거슬러 올라가는 그런 복잡하고 오묘한 경험 체계를 가진 한 인간을 나는 모를 수밖에 없었고, 몰라도 아무런 문제가 되지 않았어요. 오히려 그 사람을 모르기 때문에 넉넉한 마음을 가질 수도 있었어요. 몰라도 되는 위안이랄까요?"

지금 생각해 보면, 그날 내가 자연이를 찾아가 사과를 한 것도 자연이를 잘 모른다는 생각 때문이었던 것 같다. 수업 시간에 멍하게 앉아 있는 아이니 생각도 없을 거라고 쉽게 단정해 버렸다면 그날 그 아이를 찾아가지는 못했을 것이다. 나는 지금도 자연이를 잘 모른다. 비단 그 아이만이 아니다. 해마다 새로운 얼굴로 나를 찾아오는 아이들. 나는 그들을 잘 모르고, 어쩌면 모르는 것이 당연하다.

학교에서는 학생들을 잘 파악하고 장악하라는 말을 수도 없이 듣는다. 나도 때로는 그러고 싶지만 아무래도 그 방면에는 소질이 없는 것 같다. 이런 아이려니 하고 생각했다가 예상이 빗나간 적이 한두 번이 아니다. 그래서 아예 학생들을 판단하지 않으려고 한다. 학생들을 잘 몰라서 생기는 불이익보다는 유익한 점이 더 많은 것도 나를 그런 쪽으로 부추기는 이유 중 하나다. 무슨 유익이 있을까?

예를 하나 들어 보자. 무슨 일로 한 아이를 칭찬하면 곁에 있던 동무가 참견하며 이렇게 응수하는 경우를 종종 본다.

"에이. 선생님이 애를 잘 몰라서 그래요."

그 동무의 말이 맞는다면 나는 잘 몰라서 그 아이를 칭찬한 셈이 된다. 칭찬은 고래도 춤추게 한다고 하지 않은가. 몰라서 한 칭찬일망정 그 효험이 어디로 가겠는가.

가만 보면, 자연이는 내가 제 이름을 그런 식으로 불러 주는 것이 은근히 좋은 모양이다. 자연이야 이름이 자연이니 그렇게 부르는 것이 당연하지만, 나는 모든 아이들을 자연으로 생각하고 그렇게 불러 주고 싶다. 내가 자연을 다 모르듯이, 모르기에 경외심을 갖게 되듯이 자연의 일부인 아이들을 그렇게 대하고 싶은 것이다.

답답한 방 안 책상머리에 앉아 글을 쓰다 보니 갑자기 자연이가 보고 싶다. 내일 학교에 가면 창문을 열어 놓고 자연을 향해 이렇게 외치고 싶다.

"자연아, 너 보고 싶어 죽는 줄 알았다."

바보 선생님과 똑똑한 아이들

✉ 선생님 저 윤미예요. 선생님이 생일 한 달 전부터 편지 쓰라고 했는데……. 제가 회계 시험 때문에 편지를 쓰지 못했어요. 사실은 언니가 시험 보기 전까지는 텔레비전이랑 컴퓨터를 못 하게 했거든요.

우리 반 '똑순이' 윤미에게서 온 메일이다. 그동안 윤미와 내가 주고받은 편지를 헤아려 보니 단편소설 한 편 정도의 분량은 될 성싶다. 내용도 친구들과의 시시콜콜한 이야기부터 졸업 후 진로 문제에 이르기까지 아주 다양했다. 윤미는 평소 성격이 활달하고 솔직한 편인데 편지에도 그런 성격이 그대로 드러나 있었다.

✉ 선생님……. 저는 요즘 이런 생각을 너무나 많이 해요. 선생님이 너무 바보 같다는 생각이요. 애들을 사랑으로 대하는 선생님의 모습이 좋긴 하지만요, 어떨 때

는 화를 내셔도 되는데……. 선생님이 자꾸 그걸 참으시니까……. 보고 있는 제가 더 화가 나는 것 같아요……. 저도 그렇게 잘하는 건 아니지만. 저희가 못할 때는 선생님이 따끔하게 혼을 내셔도 되는데 하는 생각을 많이 해요. 그러면 선생님도 편할 거고 우리도 선생님이 무서우니까 잘할 텐데요. 하지만 그건 너무나 무식한 생각이었고요, 저도 선생님이 되면 선생님처럼 아이들을 대해 볼까 생각을 많이 해 봤는데요. 그러면 제가 너무 힘이 들 것 같아서 못할 것 같아요.

나는 전에도 이런 편지를 여러 번 받았다. 마치 연례행사라도 치르듯이 거의 해를 거르지 않고 말이다. 그럴 때마다 난 일단 안심부터 한다. '아, 화를 많이 내지 않았구나!' '아, 내가 많이 참았나 보구나!' 그런데 공교롭게도 바로 그날, 퇴근길에 만난 한 남학생의 입에서 이런 말이 불쑥 튀어나왔다.

"선생님, 요즘 학급에 문제가 있나 보데요. 애들은 잡아야죠."

"잡다니? 대화로 풀면 될 일을 잡긴 왜 잡아. 너부터 한번 잡아 보랴?"

"예? 아니요."

말은 그렇게 했지만 걱정이 없는 것은 아니었다. 3월 한 달 동안 결석 한 명 없다가 4월이 되자 봄을 타는 아이들이 생기는지 학급 분위기가 술렁거리기 시작했던 것이다. 물론 그것도 연례행사처럼 늘 반복되어 온 일이었다. 그때마다 매를 대기보다는 대화로 풀어

'쉬운 사랑' 이야기

보려고 노력했지만 말처럼 쉬운 일은 아니었다. 그런 담임의 모습이 아이들 눈에는 답답하고 미련하게 보일 수도 있다. 그만큼 아이들도 모든 문제를 쉽게 해결하려는 조급증과 일종의 폭력에 길들여져 있었던 것이다.

녀석이 우리 반 사정을 제 손바닥 들여다보듯이 훤히 알고 있었던 것은 우리 반 귀염둥이 수정이가 녀석의 '여친'이기 때문이다. 며칠 전에는 학교 근처에서 둘이 손을 잡고 가다가 학생부 선생님에게 걸려서 교무실 복도에서 기합을 받은 적도 있었다. 복도를 지나다가 우연히 그 광경을 본 나는 아이들을 크게 나무라지 않았다. 오히려 두 아이에게 이런 말을 해 주었다.

"선생님은 대학 시절에 지금의 아내를 만났는데 아내 덕분에 공부를 열심히 했어. 학점이 나쁘면 안 만나 준다고 했거든. 불성실한 사람에게 자신의 장래를 맡길 수는 없다는 거였지. 너도 그렇게 해. 이 녀석 공부 못하면 만나 주지 말란 말이야. 너도 마찬가지고."

그때 빛나던 수정이의 눈빛이 지금도 기억에 생생하다. 큰 죄를 지은 것도 아닌데 죄인 아닌 죄인이 되어 교무실 복도에 서 있다가 제 담임으로부터 꾸지람을 듣기는커녕 남자 친구와의 이성 교제를 인정받은 셈이 되었으니 기분이 좋을 만도 했겠지만, 내가 느낀 것은 그 이상의 것이었다. 그 아이의 내부에 도사리고 있던 형체가 불분명한, 죄의식이라고도 명명해도 좋을, 그런 어둑한 부끄러움의 그늘을 말끔히 거두어 낸 것 같았다고나 할까.

　교사나 어른들로부터 꾸지람을 자주 듣는 아이들에게서 성숙한 태도를 기대하기는 어렵다. 이런 나의 견해에 대해 요즘 아이들의 영악함을 모르고 하는 소리라고 일축하는 사람들도 있을 것이다. 그들의 판단이 옳을 수도 있다. 하지만 그날 이후 수정이의 수업 태도가 달라진 것은 분명한 사실이다. 나를 바라보는 눈빛도 한결 당당하고 성숙해져 있었다. 무엇보다도 그날 이후 나를 신뢰하고 고마워하는 눈치가 역력했다. 어떤 깊은 이야기를 해 주어도 귓등으로도 흘려듣지 않던 아이가 말이다.

　언젠가 윤미가 배꼽티를 입고 내 앞에 나타난 적이 있었다. 식목일이었다. 아이들과 함께 산에 가기로 한 날이었다. 남학생도 아닌 여학생이 소풍날도 아닌 식목일에 담임과 함께 산을 오른다는 것은 범상한 일이 아니다. 어떻게 그런 일이 가능했을까? 사실은 나와 아이들 사이에 일종의 거래가 있었다. 그렇다고 아이들에게 돈을 주고 산에 가자고 꼬드긴 것은 아니고, 아이들에게 이런 제안을 했던 것이다.

　"선생님은 여러분한테 소원이 있어요. 여러분이 마음만 먹으면 들어줄 수 있는 소원이에요. 한 달에 한 번 여러분과 산에 가고 싶어요. 우리 반에 여섯 개 모둠이 있는데 두 모둠이 한 팀이 되어 한 달에 한 번 산에 가는 거예요. 선생님은 한 달에 한 번이지만 여러

　'쉬운 사랑' 이야기

분은 석 달에 한 번 정도가 되겠지요. 물론 다른 팀이 갈 때 같이 가도 되고요. 여러분이 선생님의 소원만 들어준다면 선생님도 여러분이 해 달라는 대로 다 해 줄게요."

처음에는 말도 안 된다는 표정을 짓던 아이들이 내가 물러설 기미를 보이지 않자 잠시 머리를 굴리는 듯하더니 먼저 흥정을 걸어왔다. 산을 가겠다는 조건으로 아이들이 내게 요구한 것은 '얼마만큼'의 자유였다. 그것은 내가 담임으로서 이미 준비해 놓은 선물이었으니 나로서는 결코 손해 보는 장사(?)가 아니었다. 그날 윤미가 배꼽티를 입고 나타난 것도 그런 자유의 한 표현이었으리라.

헌데 나는 왜 아이들을 산으로 데려가려고 했을까? 그것은 내가 일찌감치 교사로서 한계를 인정한 것과도 관련이 있다. 대신 나는 아이들에게 산이라는 큰 스승을 만나게 해 주고 싶었던 것이다. 모든 것을 무상으로 베풀어 주는 자연이 그들을 물질의 노예가 되는 것으로부터 자유롭게 해 주기를 기대하면서. 모든 행복을 돈으로 살 수 있다고 굳게 믿고 있는 사람들은 그 환상이 깨어지는 순간이 불행의 시작일 테니까.

아이들에게 자연은 너무 멀리 있다. 멀리 있으니 그 소중함을 모르는 것은 당연한 일. 그것을 몸으로 깨닫게 해 주기 위해서는 일단 산으로 그들을 데려가야만 했다. 그다음 일은 아이들 각자의 몫이겠지만.

배꼽티가 잘 어울리는 윤미의 생일에 써 준 시다.

   바보 선생님과 똑똑한 아이들

너의 배꼽티의 기억

기억난다.

흥부전 극화 수업을 하고 있을 때였어.

어려운 영어 대사를 열심히 외운 덕에

수업 구경하러 오신 선생님들 앞에서

우린 겁도 없이 영어로 마구 떠들어 댔지.

그날 수업이 끝나 갈 무렵이었어.

"여러분은 흥부가 좋아요, 놀부가 좋아요?"

넌 거침없이 이렇게 대답했지.

"놀부가 좋아요. 흥부는 멍청해서 싫어요."

그래서 그랬을까?

넌 내가 바보같이 보일 때가 있다고.

가끔은 참지 말고 화도 내고 그러시라고.

솔직하고 고마운 마음을 담아

편지를 보내왔었지.

사실은 그 편지 받고

난 속으로 많이 기뻤단다.

아, 내가 화를 많이 내지는 않았구나!

아, 많이 참았나 보구나!

이런 생각을 하면서.

기억난다.

지난 식목일, 우리 함께 산에 오르던 날

네가 입고 온 아슬아슬한 배꼽티

앞으로도 그렇게 당당하거라!

섹시하고, 우아하거라!

너는 주인이고, 나는 종이니

나를 딛고 일어나

다만, 세상을 향기롭게 하는

아름다운 사람이 되거라.

‘쉬운 사랑’ 이야기

도서관 글쓰기 교실에서 만난 초등학교 5, 6학년 아이들과 톨스토이의 인생론에 대해서 얘기를 나누던 중이었다. ‘왜 사는가?’ 이 질문에 대한 대문호의 대답은 아주 간명했다. ‘사랑하기 위해서.’

“그런데 사랑이 뭐지?”

질문이 떨어지기가 무섭게 한 아이가 이렇게 대답했다.

“에로 부인요.”

참 조숙한 녀석이다 싶었는데, 알고 보니 그게 아니었다. 아이는 ‘엘오브이이’ 하고 ‘love’의 철자를 발음한 것인데, 어른인 내 귀에는 그것이 ‘에로 부인’으로 들린 것이었다. 적이 실망스럽기도 하고 웃음도 났지만 조금은 부끄러운 생각도 들었다. 슬그머니 몸을 돌려 칠판에 자작시 한 편을 써 내려갔다.

뒤가 급하여

풀숲 헤치고 뛰어 들어간 산 속에서

바지춤 끌러 똥 한 덩이 내려놓고

긴 날숨 내쉬다가 나는 보았네

보랏빛 감도는 들꽃 한 송이

코끝에 와 닿을 듯

눈앞에서 피어 있는 것을

숲은 고요했네

천지간에 꽃 한 송이 피어 있었네

나는 꽃잎이 다칠까 봐

차마 다가서지 못하고

밑도 닦는 둥 마는 둥

뒷걸음을 놓아 도망치듯

숲을 빠져 나왔네.

졸시, 〈사랑〉

무슨 상상을 하고 있는지 키득키득 웃고 있는 아이들을 향해 나는 이렇게 물었다.

'쉬운 사랑' 이야기

"이 시에는 똥이란 말은 나오지만 사랑이라는 말이 하나도 안 나오는데 왜 시 제목을 사랑이라고 정했을까요?"

아이들은 얼른 대답하지 못했다. 보아하니 몇 아이는 아직도 눈 길이 '똥' 에 멈춰 있는 것이 분명했다. 혹시 녀석들은 똥과 사랑의 함수관계를 파헤치느라 머리를 짜내고 있는 것은 아닐까? 그렇다고 마냥 기다릴 수만은 없어서 이렇게 우회전술을 써 보았다.

"꽃이 예쁘다고 그 꽃을 꺾는 것이 사랑일까요?"

그 물음에 "아니요" 하고 씩씩하게 대답을 한 아이들이나, 무슨 뜻인지 알겠다는 듯한 표정을 지어 보인 아이들이나 그 정도면 사랑을 얘기해 줄 만하다 싶어 내심 고개를 끄덕이며 이렇게 다시 입을 열었다.

"사과를 반으로 쪼개서 큰 쪽과 작은 쪽이 나오면 여러분은 어느 쪽을 먹겠어요? 그야 당연히 큰 쪽이겠지요? 아무리 친한 친구라 해도 선뜻 큰 쪽을 주고 싶지는 않을 거예요. 그런데 만약 반으로 쪼갠 사과 두 쪽 중에서 큰 쪽을 주고 싶은 사람이 있다면, 또 앞으로 그런 사람이 생긴다면 여러분은 그 사람을 사랑한다고 말할 수 있어요. 자기 것을 더 많이 챙기면서 행복감을 느끼는 것이 사람의 본성인데 사랑을 하게 되면 상대방이 먹은 사과 반쪽도 곧 내가 먹은 것처럼 여겨지기 때문에 굳이 큰 쪽을 욕심내지 않게 되거든요. 결국 반쪽을 먹었지만 사실은 온전한 사과 하나를 다 먹은 셈이 되고요. 그래서 사랑은 희생이지만 꼭 희생이라고 말할 수도 없어요.”

이런 신기한 사랑의 원리를 학교에서 만나는 아이들에게도 자주 들려주는 편이다. 사랑과 욕망을 혼동하는 시대에 살고 있는 아이들이기에 더욱. 거기에 오로지 자신의 출세와 행복만을 위해서 공부하기를 강요당하는 아이들이라면 어른이 되어서도 남을 배려할 줄 모르는 이기적인 인간이 되기 십상이다. 그러다 보면 가장 가까운 부부 사이라도 사과 한 쪽의 차이를 견주며 싸우다가 파국을 초래할 수도 있다.

사랑은 ‘이론일까, 실천일까?’ 사랑을 얘기하면서 아이들에게 던지는 물음 중 하나다. 아이들은 금세 질문의 의도를 알아차리고 “실천입니다”라고 씩씩하게 대답한다.

그렇다. 사랑은 실천이다. 그런데 바로 그 점이 문제다. 사랑은 말로 하는 것이 아닐진대 교사가 학생들에게 이론적으로 들려주는 이런 사랑의 원리가 무슨 실효성이 있을까. 더욱이 입시 위주 교육의 틀에서는 사랑의 지식조차도 시험 답안으로 써내고 나면 그만인 것을.

그렇다면 방법은 하나뿐이다. 아이들을 몸소 사랑하는 것. 사랑을 주는 것이 받는 것보다 더 행복하다는 것을 알게 하는 것. 그리하여 아이들도 그런 사랑을 하고 싶도록 만드는 것. 이것은 쉬운 일일까, 어려운 일일까? 중요한 것은 쉬워야 아이들이 따라한다는 것이다. 식은 죽 먹기보다 더 쉬워야. 어떻게 하면 사랑을 쉽게 할 수 있을까?

나에게는 아주 오래된 습관이 하나 있다. 잠자리에서 눈을 뜨자마자 속옷 바람으로 거실에 나가 기도를 하는 것이다. 아무리 급한 볼일이 있어도 기도를 끝낸 뒤에야 일을 본다. 그러다 보면 항문에 힘을 잔뜩 주고 고통스럽게(?) 기도를 할 때도 있다.

왜 나는 그런 불편함을 감수하려는 걸까? 이유는 간단하다. 사랑이 쉬워지기 때문이다. 그렇다고 그 시간이 마냥 평화롭거나 행복한 것만은 아니다. 오히려 그 반대일 때가 많다.

언젠가 기도 속에서 한 아이가 떠올랐다. 수업 시간이면 습관적으로 잠을 자는 아이였다. 책도 공책도 심지어는 볼펜조차 가지고 오지 않아 손바닥으로 등짝을 내리쳐 잠을 깨워 놓아도 멍하니 앉아 있기 일쑤였다.

오랜 습관에 젖어 버린 그에게 일상적으로 가해지는 잔소리나 점수상의 불이익은 아무런 의미도 없었다. 그렇다고 쉽게 포기할 수도 없어 수업 시간마다 속을 끓이며 하루하루를 보내고 있던 터였다.

그날 아침, 기도 속에 떠오른 그 아이의 모습은 어딘지 낯설어 보였다. 그를 위해 열심히 기도했지만 그것은 결국 나를 위한 기도였다. 제자를 사랑하는 훌륭한 교사가 되기 위한 나를 위한 기도.

나는 그를 사랑한 것이 아니었다. 그로 인해 속을 끓인 날이 많았지만 그를 사랑해서 괴로워한 것은 아니었다. 그를 쉽게 포기할 수 없었던 것도 그를 아끼는 순수한 마음에서라기보다는, 제자를 쉽게 포기하지 않는 사랑의 교사가 되고 싶은 나의 이기적인 욕망 때문이었을 뿐.

이것이 그날 신의 절대적인 거울에 드러난 나의 진면목이었다. 이런 폭풍의 시간이 지나면 나는 사랑이 쉬워진다. 그렇다고 아이들 때문에 속을 끓이지 않는다는 말은 아니다. 속을 태울망정 이제야 시작한 진짜 사랑을 멈추고 싶지 않은 것이다. 하긴, 사랑하고 싶은 사람을 사랑하는데 그 사랑이 쉽지 않고 배기겠는가?

2% 부족한 아이들과의 사랑

서러움에 겨워 잠에서 깰 때가 있다. 그리움 같기도 하고 배고픔 같기도 하고, 그런가 하면 후회스러움이나 죄의식 같기도 한 일종의 결핍감은 내가 느끼는 가장 인간적인 감정이다. 찬 새벽 명치끝에서 전해져 오는 서러운 감정만큼 나를 안심시키는 것도 없다. 행복감이나 자기존중감에 사로잡혀 있는 어떤 순간보다도 2%가 부족할 때 나는 내가 안심이 된다. 2%가 부족한 그 순간은 속옷 바람으로 무릎을 꿇고 기도하는 시간이 되기도 하고, 시가 써지는 창조의 시간이 되기도 한다.

아내와 놀이 삼아 짓던

호박 농사 깨 농사 모두 끝나고

무성하던 잡풀마저 다 스러진 밭두렁에

지상에서 더는 고울 수 없는

산구절초 몇 송이

선연하게 피어 있다

나는 알겠다

저 꽃을 피운 것은

햇살도 바람도 아니라는 것을

꽃을 피운 것은

무슨 그리움 같은 거

무슨 배고픔 같은 거

어두운 땅 속에서

햇살을 그리는 마음이

바람에 살이 닿고 싶어

몸을 흔들어 대던 그 마음이

해마다 꽃으로 피어난다는 것을

졸시, 〈결핍〉 부분

나를 닮아서인지 학교에도 2% 부족한 아이들이 있다. 화초에 물을
주듯이 나름대로 사랑을 쏟아 붓고, 아이들은 아이들대로 제 방식

　2% 부족한 아이들과의 사랑

으로 그 부족한 사랑에 반응하면서도 늘 2%가 부족하다. 초기의 결핍이 너무 컸던 탓이리라. 그것을 뻔히 알면서도 나 역시 2%가 부족하다 보니 다 큰 어른이 되어 볼썽사납게 아이들에게 상처를 받기도 한다.

나와 말을 놓고 지내는 두 아이가 있다. 나야 제 선생이니 말을 놓는 것이 당연하지만 언제부턴가 녀석들도 덩달아 말을 놓아 버린 것이다. 가령 이런 식이다.

"이거 이렇게 쓰면 돼?"

"그래. 잘하네."

"나, 정말 잘하지?"

교사와 학생 사이라기보다는 영락없이 아버지와 딸의 모습이다. 하지만 나는 개의치 않는다. 아니, 아이들이 나에게 말을 놓을 수 있다는 것이 오히려 고맙고 반갑다. 그만큼 나를 따르고 내게 마음을 주고 있다는 증표가 아니겠는가. 물론 그것이 나 혼자만의 즐거운 착각일 수도 있겠지만.

두 아이와 나 사이에 작은 사건이 있었다. 학교에 손님이 오기로 되어 있어서 부랴부랴 도서관을 청소하고 있을 때였다. 마침 두 아이가 친구들과 함께 도서관으로 책을 빌리러 왔다. 반가운 마음에 진공청소기로 청소를 하다 말고 아이들에게 이렇게 말했다.

"누가 오늘 이쁜 짓 좀 할래? 밀걸레로 바닥 좀 닦아 주면 고맙겠는데."

하지만 아무런 반응이 없었다. 한 번 더 똑같은 말을 반복했지만 반응이 없기는 마찬가지였다. 내 말을 못 들었다는 알리바이라도 만들려는 듯 책장에 더욱 눈을 가까이 대고 있거나 서로 대화에 열중하고 있는 모습이 얄밉기도 하고 실망스럽기도 했다. 나는 아이들을 향해 다시 한번 이렇게 소리쳤다.

"애들아, 오늘 선생님 무지 바쁘거든. 선생님 좀 도와주지 않을래?"

잠시 후, 도서관에 있던 다른 한 아이가 마음을 바꾼 듯 계면쩍은 웃음을 흘리며 책장에서 몸을 떼고 있었다. 하지만 그 아이가 걸레로 바닥을 닦고 있을 때까지도 두 아이는 요지부동이었다. 내버려 둘까 하다가 뭔가 아쉽기도 하고 은근히 화가 치밀기도 해서 조금은 성급한 목소리로 아이들을 이렇게 다그쳤다.

"너희 조금 귀찮다고 그동안 선생님과의 인간관계를 끊겠다 이거지? 좋아 마음대로 해. 지금 밀걸레를 들고 안 올 거면 내일부터 선생님 알은체도 하지 마."

그렇게 말을 해 놓고 내심 이 정도면 됐겠지 싶었는데 눈앞에 펼쳐진 광경은 참으로 뜻밖이었다. 두 아이가 대화를 멈추고 청소 상자 있는 쪽을 향해 가는가 싶더니 그대로 도서관을 나가 버린 것이었다. 나는 당장 뛰어나가 혼을 내 주고도 싶었지만 선뜻 그럴 만한 용기가 나지 않았다. 아니, 그들의 행동이 도무지 믿어지지가 않았다. 다른 아이들도 아니고 그렇게 친하고 허물없이 지내던 아이들이었는데…….

　슬프고 허망한 마음을 어쩌지 못하고 터벅거리는 걸음으로 집에 당도해 보니 문을 열어 주는 아내의 안색이 나빠 보였다. 오랜 지병인 편두통에 시달리고 있던 것이 분명했다. 아내의 건강도 늘 2%가 부족하다. 아내는 파리한 낯빛으로 간신히 입을 떼어 내게 말했다.

　"여보, 미안해. 나 죽 좀 끓여 줄 거야?"

　쌀죽을 끓이면서 줄곧 두 아이 생각을 했던 것일까? 나는 평소와 달리 서두르지 않고 아주 천천히 죽을 끓일 수 있었다. 약한 불에 다섯 번도 넘게 끓이고 한 번 더 물을 부었다. 그러자 다시 부글부글 끓기 시작했고, 뜨거운 물에 쌀의 몸피가 터지면서 단단하던 경계가 허물어졌다. 마침내 쌀이 물과 섞이어 죽이 되는 지루한 여정이 끝났다. 그 광경을 지켜보다 문득 깨달음이 왔다.

　'보석 같은 쌀도 화탕지옥에 다녀와서야 비로소 밥 구실을 할 수 있구나! 그런데 아내는 그 밥조차 소화할 능력이 없어 더 부드럽고 더 짓이겨진 쌀죽을 나에게 요구한 것이리라. 그렇다면 두 아이도…….'

　학교에는 약한 불에 다섯 번을 끓이고도 한 번 더 물을 부어 부드러운 죽으로 만들어서 먹여야 비로소 소화를 시키는 아이들이 있다. 그것은 아이들의 소화 기능의 문제일 뿐, 그 이상도 이하도 아니다. 아무리 교사와 인간관계가 좋다고 해도 하고 싶지 않은 일을 선뜻 하겠다고 나서기는 쉽지 않을 터.

내가 여러 차례 부탁을 했는데도 매정하게 외면하고 도서관을 나가 버린 것은 아이들이 나빠서가 아니다. 다만, 2%가 부족한 것일 뿐. 부족한 것을 채워 주기 위해 학교가 있고 교사가 있는 것이 아닌가. 그로 인해 애간장이 다 탄다고 해도 그것은 분명히 교사의 일이다. 그걸 깜빡 잊곤 하는 것이 탈이지만 말이다.

다음 날 나는 두 아이를 만났다. 우린 5분가량 이야기를 주고받은 뒤에 서로 화해의 의미로 손을 잡고 환히 웃었다. 아이들의 말을 듣고 보니 내 잘못도 있었다.

"선생님이 내일부터 알은체도 하지 말라고 해서 섭섭해서 나갔어요. 그래도 저희가 모른 체 한 건 죄송했어요."

그날 우리 사이에 마지막으로 오고 간 말은 이랬다.

"선생님이 너희 사랑하는 거 알아 몰라?"

"알아."

"선생님, 지금 착한 척하시는 거잖아요!"

그해 겨울은 너무 길었다. 당시 공무원이셨던 아버지를 따라 여름조차도 한낮이 지나면 서늘한 기운이 감도는 산간 지방으로 이사를 한 까닭이었다. 냇가에서 동무들과 함께 멱을 감거나 천렵을 즐기느라 시간 가는 줄 몰랐던 황홀한 여름이 끝나자 가을은 나그네처럼 잠깐 다녀갔을 뿐, 곧바로 매서운 겨울 추위가 몰아닥쳤다.

수은주가 영하 15도를 오르내리는 한겨울에는 문고리를 잡으면 손이 쩍쩍 달라붙었다. 마당에 나가 세수를 하고 나면 머리카락 끝에 고드름이 달려 있기도 했다. 행주로 밥상을 닦으면 물기가 금세 얼음으로 변하여 반찬 그릇이 상 위에서 춤을 추었다. 방안도 춥기는 마찬가지였다. 넉넉하지 못한 살림이라 차가운 냉골을 덥힐 나무가 턱없이 부족한 탓이었다.

그렇다고 겨울이 싫은 것만은 아니었다. 겨울이 아니라면 어찌 하늘에서 하얀 쌀가루 같은 축복의 눈이 하루 온종일 펑펑 쏟아져 내릴 수 있었겠는가. 동무들과 패를 지어 눈싸움을 하다가 배가 고프면 하늘에서 막 내려오는 눈을 받아 먹기도 했다. 그런가 하면 처마 밑에 달린 고드름을 따서 깨물어 먹는 재미도 쏠쏠했다. 꽁꽁 얼어붙은 논에서 썰매를 타거나 팽이를 치며 놀다가 집에 돌아오면 어머니가 삶아 놓은 고구마가 나를 기다리고 있었다.

하지만 그런 별스러운 즐거움도 추운 겨울이 가고 어서 봄이 와 주기를 바라는 간절한 마음을 앞지르지는 못했다. 우리는 햇볕이 내리쬐이는 따뜻한 양지에 앉아 돋보기로 검은 천이나 종이에 구멍이나 내면서 봄의 전령사인 강남 간 제비가 돌아오기만을 학수고대하고 있었다.

그런 긴 기다림은 내 생애 처음이었지 싶다. 그전에는 운동회나 소풍날을 기다리며 며칠 밤을 뒤척인 것이 고작이었으니. 다행히도 그 기다림은 한 번도 나를 실망시킨 적이 없었다. 자연의 섭리이니 당연한 일이었지만 아무리 겨울이 춥고 길어도 봄은 끝내 우리 곁에 와 주었던 것이다. 지금 생각해 보면 그 무렵 나는 삶에서 가장 소중한 믿음 하나를 키워 가고 있었는지도 모르겠다. 아무리 까마득해 보이는 것도 기다림이 깊어지면 돌아오리라는 따뜻한 확신 같은 거 말이다.

학교에서 아이들을 만나다 보면 기약도 없이 마냥 기다려야 할 때가 있다. 그 기다림을 그만두어야 할 때를 생각하는 것만큼 교사에게 슬픈 일도 없다. 아이들이 돌아오지 않는 것이 내 정성이 부족해서라면 얼마나 좋을까? 그런 경우라면 신의 사랑으로 게으르고 못난 나를 수선하기만 하면 된다. 사실 돌이켜 보면 그런 일이 부지기수였지 않은가. 내가 변하지 않아서 아이들이 돌아올 수 없었던 일들이.

교사의 태도가 변해도 아이들의 모습이 쉽게 바뀌지 않는 것은 그들의 삶이 이미 몇 단계의 기계적인 과정을 밟아 버린 뒤이기 때문이다. 삶의 어떤 과정에서 잘못되기 시작했는지 나로서는 알 도리가 없다. 그 최초의 순간으로 돌아가 상처를 매만지거나 어긋난 것들을 바로잡아 주고 싶어도 나 같은 평범한 교사로서는 불가능한 일이다.

그렇다면 내가 아이들을 위해서 할 수 있는 일은 무엇일까? 그것은 기다려 주는 것, 좀 더 오래 기다림의 끈을 놓지 않는 것, 그것뿐이었다. 그러니 기다림에 인색할 이유는 하나도 없었다. 다만, 그 기다림의 신호를 끊임없이 아이에게 보내 줄 필요가 있었다. 신호를 보내야 저편에서도 신호가 올 것이 아닌가.

며칠 뒤에 드디어 그 신호가 왔다. 학교 축제를 앞두고 춤 연습에 한창 열을 올리고 있던 한 아이가 내게 시디플레이어를 빌리러 온 것이다. 그 아이는 내게 대뜸 이렇게 말했다.

“시디플레이어가 없어서 연습을 못 하겠어요.”

그 아이가 담임도 아닌 내게 와서 도움을 청하는 이유는 내가 학교 축제 업무를 맡고 있기 때문이었다. 그렇다 하더라도 한 달 남짓 냉전 중인 아이가 나에게 먼저 말을 걸어온 것은 화해의 청신호로 받아들일 만했다. 물론 반대로 해석할 수도 있다. 아무리 다정한 말로 다가가도 곁을 주지 않던 아이가 제 필요에 따라서는 다른 모습을 보일 수 있다는 식으로 말이다. 어느 쪽이 진실일까?

어쨌거나 나는 아이에게 시디플레이어를 챙겨 주고 친절하게 연습 장소까지 알선해 주었다. 그 과정에서 우리는 단둘이서 운동장을 가로질러 체육관까지 걸어가게 되었다. 운동장의 흙길이 새삼 부드럽게 느껴졌다. 그 바람에 용기를 내어 무슨 말을 걸어 볼까 하다가 그만두었다. 모처럼 찾아온 평화를 깨뜨리고 싶지 않아서였다. 그런 불안감만 아니라면 나는 아이에게 꼭 물어보고 싶은 말이 있었다.

‘지금도 내가 널 미워한다고 생각하니?’

언젠가 나는 아이에게 똑같은 질문을 던진 적이 있었다. 아이의 대답은 짧고 단호했다.

“미워하잖아요!”

나는 잠시 눈을 감았다가 다시 떴다. 그리고는 잔뜩 화난 표정으로 나인지 허공인지를 노려보고 있는 아이를 향해 분명한 어조로

“선생님, 지금 착한 척하시는 거잖아요!”

이렇게 말했다.

"미워하지 않아. 아니, 널 많이 아끼고 사랑해. 널 미워한다면 어떻게 이런 말을 하겠어?"

그때 그 아이는 내게 이렇게 반문했다.

"선생님, 지금 착한 척하시는 거잖아요!"

고백하자면, 나는 그 아이를 미워했던 적이 있었다. 수업 시간에 잡담을 하거나, 거울을 보거나, 휴대폰을 만지거나, 잠을 자는 것을 번갈아 반복하는 아이를 마냥 예뻐할 수만은 없는 노릇이 아닌가. 말하자면 그 아이에 대한 미움은 일상 같은 것이었다. 하루가 지나면 물거품처럼 없어지고 마는.

그 미움도 아닌 미움 때문에 아이가 나에게 그런 씨늘한 말을 한 것 같지는 않다. 그보다는 사랑의 진실을 믿으려 하지 않는, 아니 믿기 어려운, 그 아이의 마음에 드리워진 어떤 불신의 그림자 때문일 것도 같다. 그 불신의 마음은 어디서 온 것일까? 그것이 아이의 내부에서 스스로 자라날 리는 없지 않은가. 그렇다면 긴 기다림의 사랑을 받아 본 적이 없거나 겨우내 봄을 애타게 기다려 본 경험이 없기 때문은 아닐까? 그 긴 기다림 뒤에 오는 것을 뜨겁게 얼싸안은 기억이.

네가 내민 사탕에서는 언제나 담배 냄새가 났지!

먼지투성이의 푸른 종이는 푸른색이다.

어떤 먼지도 그것의 색깔을 바꾸지 못한다.

기형도 〈먼지투성이의 푸른 종이〉 부분

가끔 교무실 통로에서 무릎을 꿇고 앉아 있는 아이들을 본다. 무슨 잘못을 했을까? 궁금해서 물어보면 지각을 한 아이도 있고, 화장실에서 담배를 피우다 걸린 아이도 있다. 사람을 얼굴이나 용모만으로 판단할 일은 아니지만, 전혀 그럴 것 같지 않게 귀엽게 생긴 여학생이 담배를 피우다 걸려 기합을 받는 경우도 종종 있다. 그럴 경우, 나는 그 아이 앞에서 어떤 표정을 지어야 할지 난감해진다.

혹시라도 내 표정을 통해 '네가 그런 아이란 말이지' 라는 식의 함의가 담긴 무언의 메시지가 전달될까 봐서 그러는 것일 게다. 내가 그런 마음을 품지 않았다고 해도 벌을 받고 있는 아이의 처지에서는 그런 생각을 할 법도 하다. 하긴 이렇게 노심초사(?)하는 나를 보고 화장실에서 담배 피우다 걸린 학생을 두고 별걱정 다 한다고 말하는 사람도 있겠지만 나로서도 그럴 만한 사연이 있다.

몇 해 전에 학교를 졸업한 현아는 한마디로 좀 센 아이였다. 중학교 때 놀 만큼 놀아서 고등학교에 들어와서는 그런 것들이 싱겁게 느껴졌는지 말썽 없이 학교생활을 잘하는 편이었는데, 그러다가도 가끔 한 번씩 일을 저지를 때는 세게 저지르곤 했다. 자기주장도 강하고 고집도 센 편이어서 선생님들도 웬만하면 현아와 충돌을 피하려는 눈치였다.

고백하자면, 나에게는 은근히 학생들을 못살게 구는 구석이 있다. 특히 공책 정리를 하지 않는 아이들은 내 등쌀에 못 배겨나 결국은 하게 된다. 고집 세기로 유명한 현아도 나한테는 두 손을 들고 말았던 것이다. 물론 그 과정이 순탄치만은 않았다. 어려운 고비 때마다 나는 케케묵은 사랑 타령을 했다. 너를 사랑하니까 너를 포기할 수 없다는 식으로. 그것이 통하는 곳이 학교였다.

하루는 수업을 마치고 교무실로 가는 길에 현아를 만났다. 가만 보니 우연한 만남이 아니었다. 현아는 나를 기다리고 있었고, 그 아이의 손에는 사탕이 쥐어져 있었다. 물론 그 사탕은 나를 위해 미리 준비해 둔 것이었다. 그 뒤로도 그런 일이 계속 반복되었다.

　　　　　　　　　　　　　　　　　　　　'쉬운 사랑' 이야기

받기만 하는 것이 미안해서 사양하려고 하면 나를 죽일 듯이 노려 보았다. 주먹으로 내 등짝을 마구 내려치기도 했다. 아이의 폭력(?)에 나는 어쩔 수 없이 사탕을 받아먹을 수밖에 없었다.

그런데 현아가 내민 사탕에서는 늘 담배 냄새가 났다. 종이를 벗기고 사탕을 입에 넣으려는 순간 역한 냄새가 코를 찌르곤 했다. 그 사탕 종이에서 나던 담배 냄새는 뭐라 말하기 어려운 미묘한 감정을 불러일으키곤 했다. 역겨운 담배 냄새가 나는 종이를 곧바로 쓰레기통에 버리지 못하고 몇 번 더 코에 대고 냄새를 맡아 보기도 했다.

현아가 나를 좋아하고 따르는 것이 고마웠고, 사람에 대한 깊은 정이 있고 예의를 아는 아이를 나도 사랑하고 존중해 주고 싶었다. 역겨운 담배 냄새까지도 말이다. 물론 나는 현아가 담배를 끊기를 바랐다. 건강에도 좋지 않고 학생 신분에도 맞지 않는 일이어서 몇 차례 담배를 끊을 것을 종용하기도 했다. 학교에서 운영 중이던 금연 프로그램에 참여하도록 독려도 해 보았지만 그리 만족할 만한 결과를 얻지는 못했다. 그렇다고 담배를 끊지 않는 한 네가 준 사탕을 받을 수 없노라고 말할 수는 없는 노릇이었다.

어느 날 현아는 내게 생일 시를 써 달라고 했다. 생일 시는 내가 담임을 맡은 아이들에게만 써 주었던 터라 현아는 그것이 부러운 모양이었다. 하지만 나는 현아의 청을 거절할 수밖에 없었다. 현아에게 생일 시를 써 준다면 다른 아이들도 써 달라고 할 것이 뻔하고, 그것을 거절했을 때의 결과를 충분히 예상할 수 있었기 때문이었다.

그 후에도 현아는 복도에서 나를 기다렸다가 사탕을 쥐여 주는 일을 그만두지 않았다. 나는 녀석의 생일날 참 미안한 마음이 들었다. 그래서 다른 아이들에게는 꼭 비밀로 하겠다는 약속을 단단히 받고 점심시간에 급조한 생일 시를 아이의 손에 쥐여 주었다. 그런데 생일 시를 받고 날아갈 듯 기뻐하던 현아의 얼굴 표정이 금세 일그러졌다. 바로 이 대목 때문이었다.

'네가 내민 사탕에서는 언제나 담배 냄새가 났지.'

현아는 정말 실망했는지 내게 눈을 흘기며 이렇게 말했다.

"좀 예쁘게 써 주지 않고 이게 뭐예요?"

지금 생각해 보면 현아의 마음이 충분히 이해가 가고도 남는다. 하지만 나는 나대로 한 아이의 실체적 진실에 다가가기 위해서는 그 대목이 꼭 필요했던 것이다. 공책 정리 안 한다고 늘 못살게 군 선생을 미워하기는커녕 오히려 사탕을 손에 쥐여 주려고 수업이 끝나기가 무섭게 복도 저편에 매복했다가 나를 급습하곤 했던 현아! 그 가슴 따뜻한 제자가 지닌 아름다움의 실체에 다가가기 위해서는. 지금도 내 기억 속에 현아는 흡연 학생이 아닌, 정이 깊고 가슴 따뜻한 제자로 남아 있다. 먼지가 살짝 내려앉은 푸른 종이 같은.

화장실에서 담배를 피우다가 걸린 학생에게 교칙을 적용하여 벌을 주는 것은 불가피할 수도 있다. 어린 학생들의 건강을 위해서도 적절한 지도가 필요한 것도 사실이다. 하지만 화장실에서 몰래 담배를 피웠다는 이유만으로 수치심을 유발하기 위해 하루 종일 교무실 통로에 꿇어앉히는 것은 심각한 인격 침해임이 분명하다. 법적 절차나 학부모의 동의도 없이 임의로 학습권을 박탈하는 것도 문제가 있다.

성서는 율법의 완성은 사랑이라고 가르친다. 내가 현아에게 배운 것도 바로 그 사랑이다. 받은 사랑을 조금밖에는 돌려주지 못하고 현아를 떠나보낸 것 같아 못내 아쉽고, 그래서 더욱 현아가 보고 싶다. 지금쯤 애기 엄마가 되어 있을지도 모를. 지금이라도 현아가 원하는 예쁜 시를 써서 전해 주고 싶다. 어떤 시구로도 현아의 아름다운 내면을 표현해 낼 수는 없겠지만.

사랑하는 사람끼리는 거짓말하지 않는 거야!

방과 후 동아리 활동 시간이었다. 출석을 확인하고 함께 나눌 자료를 한 장씩 나누어 주는데 네 명의 아이가 약속이나 한 듯이 한 손으로 종이를 받았다. 다음 아이에게 종이를 건네주려다가 말고 혼잣말처럼 이렇게 말했다.

"어, 모두 다 한 손으로 받네?"

그 말을 들었는지 다섯 번째 아이는 공손히 두 손을 모아 종이를 건네받았다. 내가 빙긋이 웃으며 칭찬을 해 주자 누군가 뒤에서 이렇게 말하는 소리가 들렸다.

"선생님, 이 종이 다시 주세요."

뒤를 돌아보니 보미였다. 나는 유쾌한 마음으로 아이에게 준 종이를 되받아 공손히 모아 내민 두 손에 다시 쥐여 주었다. 그 사이 잠깐 눈길이 오갔는데 조금 전과는 달리 더할 수 없이 맑고 평화로운 아이의 눈을 볼 수 있었다. 그러나 오래 들여다보지는 못했다. 뒤에서 요란을 떨며 재촉하는 아이들 때문이었다.

"선생님, 저도 다시 주세요."

"저도요."

세 아이의 손이 동시에 내 가슴께에 닿았다. 기분이 묘했다. 아니, 행복했다. 한 장의 삽화라고나 할까? 순식간에 일어난 일들이 마치 한 폭의 그림으로 완성되어 벽에 걸려 있는 듯한 착각마저 들었다. 그때 내 가슴속에서 일렁이던 그것을 감동이라는 말로 번역할 수도 있겠는데, 따지고 보면 감동하고 말고 할 것도 없는 상황이기도 했다. 어른이 건네는 물건을 두 손으로 받는 것은 당연한 일이 아닌가. 그러니 자칫 이런 식의 대화가 오갈 법도 한 일이었다.

"허허 요놈들 어디서 버릇없이 한 손으로 받아?"

"죄송해요. 다시 주세요. 두 손으로 받을게요."

"진작 그러지. 필요 없어!"

이런 경우, 교사는 아이들과의 행복한 교감의 순간을 놓쳐서 안타깝고, 아이들은 아이들대로 버릇없는 아이로 낙인이 찍힌 채 그것을 만회할 기회를 놓쳤으니 안타까운 것은 마찬가지다. 두 손으로 받을 테니 다시 달라는 기특한 말을 했는데도 말이다. 왜 이런 일이 생긴 것일까?

그것은 아이들이 보여 준 최초의 행동에 방점을 두었기 때문이

 사랑하는 사람끼리는 거짓말하지 않는 거야!

아닐까? 다행히도 나는 아이들의 변화된 다음 행동에 방점을 두었던 것이다. 그런 변화를 미리 염두에 두고 한 번 더 기회를 주었는지도 모르겠지만.

언젠가 보미는 나에게 거짓말을 한 적이 있었다. 수업을 한 시간 빼먹고 싶었는지 양호실에 누워 있으면서 동무에게는 그날 지각을 해서 기합으로 운동장에서 풀을 뽑고 있다고 나에게 말해 달라고 부탁을 한 것이었다.

본인이 직접 거짓말을 한 것은 아니지만 동무에게 거짓말을 하도록 시켰으니 잘못이 더 클 수도 있었다. 물론 대수롭지 않게 넘길 수 있는 일이기도 했다. 하지만 구체적으로 거짓말을 만들어 동무에게 전달한 그 행위가 마음에 걸렸다. 쉬는 시간에 보미를 불러냈다.

"너 양호실에 있었어? 운동장에서 풀 뽑았어?"

"양호실에요."

"그런데 아이들 말로는 지각을 해서 풀 뽑고 있다고 하던데 네가 그렇게 말하라고 시킨 거야?"

"예? 예······."

"왜 거짓말을 했어? 작은 거짓말도 자꾸 하다 보면 습관이 될 수 있어. 앞으로는 선생님에게 거짓말하지 마. 알았지?"

"알았어요."

퉁명스러운 대답은 아니었지만 한순간 보미의 표정이 일그러졌다. 그렇게 보아서 그랬는지 아이의 얼굴에 어두운 그늘 같은 것이 스쳐 지나간 것 같기도 했다. 물론 자신의 잘못을 지적받았으니 기분 좋은 표정을 짓는 것이 오히려 이상한 일일 수도 있다. 그렇다 하더라도 혹시 보미의 잘못을 지적한 나의 방식에 문제가 있었던 것은 아닐까?

사실, 나는 보미가 거짓말을 했다는 행위적 사실에 방점을 두고 말을 한 것은 아니었다. 앞으로 거짓말을 하지 않기를 바라는 간절한 마음을 전달하고 싶었을 뿐. 하지만 그의 표정으로 보아 그런 내 마음이 제대로 전달되지 않은 것이 분명했다. 그렇다면 후속 조치가 필요했다.

"보미야, 선생님도 옛날에 거짓말 참 많이 했어. 지금 생각해 보면 왜 그랬나 싶어. 큰 이익을 본 것도 아닌데 말이야. 아무런 생각 없이 습관적으로 그랬던 것 같은데 나중에 결혼하고 나서도 아내에게 자꾸만 거짓말을 하는 거야. 한 십 년쯤 됐을까? 적어도 나를 사랑하는 사람에게만큼은 거짓말을 하지 말자고 생각한 것이. 그후로 거짓말을 한 적이 거의 없었어. 너 그게 얼마나 행복하고 기분 좋은 일인지 아니?"

거기까지 말하고 나는 보미에게 새끼손가락을 내밀었다. 그리고 이렇게 말했다.

"사랑하는 사람끼리는 거짓말하지 않는 거야. 약속할 수 있지?"

손을 내미는 보미의 표정이 금세 환해졌다. 그 표정을 보자 너무도 답이 확실한 수학 문제를 하나 푼 기분이었다. 쉽고 간단한 문제를 자칫 틀릴 뻔했다는 생각에 뒤늦게야 가슴이 철렁 내려앉기도 했다. 우리는 새끼손가락을 걸고 엄지로 확인 도장까지 찍었다.

학교에서 아이들을 만나다 보면 실낱같은 끈을 아슬아슬하게 이어 가는 듯한 기분에 사로잡힐 때가 많다. 보미와의 관계도 그랬다. 그날 거짓말을 한 행위를 나무라기만 하고 보미를 그냥 보냈다면 어떻게 되었을까? 종이를 한 손으로 받았다가 다시 두 손으로 받겠다고 말한 그런 작은 변화가 가능했을까?

"저 지금 코딱지 파고 있는데요!"

하굣길에 오랜만에 지은이를 만났다. 나를 보고 환히 웃어 보이며 인사를 했다. 나는 엉겁결에 반사적으로 인사만 받고는 별 대화 없이 아이를 스쳐 지나갔다. 뭔가 진한 아쉬움이 남았다. 생각 같아서는 시간을 거꾸로 돌려 그 장면을 재연하고 싶었다. 그럼 우리는 서로 이렇게 인사를 하고 짧은 대화도 나누게 되겠지.

"안녕하세요?"

"어, 지은이구나. 안녕? 얼굴 많이 예뻐진 것 같다."

"예. 제가 좀 예뻐요. 호호."

"올해 졸업반이라서 그런지 표정도 많이 어른스러워졌네?"

"예. 제가 원래 좀 그래요. 호호."

"난 이쪽으로 가. 오늘 만나서 반가웠어. 잘 가라."

"예. 선생님도요."

지은이와 이런 대화를 주고받지 못한 것을 아쉬워하는 것을 보고 우리 사이가 엄청 좋았으리라고 생각하면 큰 오산이다. 지난 한 해 동안, 지은이는 나를 많이 힘들게 했다. 끈질기게 미운 짓만 골라 가며 했던 아이다. 나는 아직 그 아이가 어떤 아이인지 잘 모른다. 철이 없는 것 같기도 하고, 이미 어른이 다 되어 버린 아이 같기도 하다. 말투나 행동거지가 너무 거칠어 여학생다운 구석이 전혀 없어 보이지만, 어느 때 보면 누구 못지않게 여성으로서 정체성이 강한 아이 같기도 하다. 그렇다고 지은이를 과대평가해서는 곤란하다. 녀석과의 평소 대화가 이런 식이었으니까.

"공책 정리 않고 책상에 엎드려서 뭐하는 거야?"

"저 지금 코딱지 파는데요."

"그래? 그럼 빨리 코딱지 파고 공책 정리해, 알았지?"

"……"

"코딱지 아직 다 안 판 거냐?"

"코딱지 파다가 피가 나서 닦고 있는데요."

"뭐야?"

"저 수돗가 좀 갔다 올게요."

"그러든지 말든지."

그래도 이런 대화가 오고 갈 때만 해도 우린 사이가 좋은 편이었다. 미워할 수 없는 묘한 구석이 있는 아이이기도 했다. 내 안에 인내의 닻줄이 있다면 그것을 최대한 풀어 놓고 아이를 기다리는 그런 날들이 계속되고 있었다. 그러다가 일이 터지고 말았다. 한순간 인내의 끈을 놓치고 만 것이다.

그날도 아이는, 거짓말 하나 안 보태고, 약 5초 간격으로 뒤를 돌아보고 있었다. 오늘은 뭔가 뿌리를 뽑겠다는 마음으로 나도 아이의 이름을 5초 간격으로 불렀다. 이런 식이었다.

"이지은!"

"아, 예!"

"이지은!"

"아, 예!"

"이지은!"

"아, 예!"

열 번 정도 그런 우스꽝스러운 짓을 했을까? 나는 한순간의 화를 참지 못하고 이런 말을 내뱉고 말았다.

"잠자리 아이큐가 8초라는데 넌 5초도 못 되는 것 같다."

그 후 나는 마치 죄인처럼 지은이의 악의적인 복수를 감내해야 했다. 지은이는 매일 담요를 뒤집어쓰고 잠자리가 하늘을 나는 시늉을 하면서 교실을 들쑤시고 다녔다. 그러던 어느 날, 나는 지은이의 멱살을 잡았다가 놓는 아주 짧은 순간에 어떤 불행을 예감했다. 그날 이후 아이는 더 노골적으로 수업을 방해하기 시작했다.

 "쟤 지금 코딱지 파고 있는데요!"

머칠 후, 나는 그 아이를 교장실로 데리고 갔다. 교장실로 들어가기 전에 아이를 복도에 세워 놓고 이렇게 말했다.

"난 교사로서 제자에게 못할 짓을 했다. 너에게 용서를 빌었지만 넌 아직 용서할 마음이 없는 모양이니 오늘 교장 선생님께 말씀드리고 처벌을 받아야겠다. 그리고 너도 그동안 수업을 방해한 잘못에 대해서는 처벌을 받아야겠지. 그렇게 하자. 이대로는 도무지 안 되겠다."

일종의 쇼를 벌인 셈이었다. 그날은 내가 판정승을 했지만 아이의 진정한 변화를 기대하기 어려운 승부는 내게 아무런 의미가 없었다. 말하자면 그것은 나와 그 아이로 인해 죄 없이 수업을 방해받고 있는 다수 아이들을 위한 작은 지혜에 불과했던 것이다.

그 무렵, 아침 기도 시간이었다. 문득 나 자신을 향해 이런 질문이 던져졌다.

"넌 그 아이를 사랑하니?"

나는 사랑한다고 대답했다. 사랑이 아니라면 이런 억울함을 당하고도 미움을 품지 않을 수 있겠는가. 내 대답에는 추호의 의심도 없었다. 그러자 다음 질문이 나를 기다리고 있었다.

"넌 그 아이가 예쁘니?"

나는 깜짝 놀랐다. 한동안 대답을 하지 못하고 멍한 상태로 앉아 있었다. 그 질문을 받기 전까지는 정말 몰랐던 것이다. 한 사람을

 '쉬운 사랑' 이야기

예뻐하는 것이 한 사람을 사랑하는 것보다도 훨씬 더 어려운 일이라는 것을. 교사는 아이가 예뻐도 사랑해야 하고 예쁘지 않아도 사랑해야 한다. 나는 그 아이가 때로는 예쁘지 않았지만 사랑했다. 그랬기에 그날 교장실 앞에서도 추호의 의심도 없이 이런 말을 할 수 있었던 것이다.

"널 미워하지 않아. 아니, 널 사랑해. 그것도 아주 많이."

그렇게 진실한 사랑을 고백했음에도 아이의 태도는 요지부동이었다. 그것이 억울할 뿐이었는데 나는 기도를 통해서 알게 된 것이다. 예뻐하려고 노력하는 것과 정말 예쁜 것은 다르다는 것을. 지금 나는 그 아이가 정말 예쁘다. 오랜만에 운동장에서 만나 눈인사를 나누면서 그것을 다시 확인한 것이다.

그런 나의 마음을 아이는 알 턱이 없지만 크게 개의치 않을 생각이다. 그리고 그것을 억울해할 필요도 없다. 지금도 어디선가 코딱지를 파고 있을지도 모를 귀엽고 예쁜 아이가 나를 행복하게 해 주고 있으니 말이다.

그 아이의 싹수가 노란 것을 어떻게 알았을까?
뻔한 잔소리에 인생을 확 바꾼 아이들
겨우 뛴 아이들
"너만 상처받는 게 아니야, 선생님도 상처받아"
왜 교사는 항상 학생들에게 져야 하지?
세계 최초 춤추는 쇼핑몰 CEO를 아시나요?
사랑하면 교육이 쉬워진다
자기 안에 쉴 만한 그늘이 생긴 아이
"선생님, 아이들이 많이 변했어요!"
우리말로 사색하는 아이들이 사라진다면?

2부

겨우 핀 아이들

그 아이의 싹수가 노란 것을 어떻게 알았을까?

오늘도 손님처럼 찾아온 슬픔을

아침이 올 때까지

잘 대접하여 보내 주었다.

졸시, 〈손님〉 부분

나는 눈물이 많은 편이다. 눈물이 많다는 것은 그만큼 마음이 착하기 때문이다? 그럴 수도 있고 아닐 수도 있다. 가끔은 내가 진실하지 않다는 사실 때문에 울기도 하니까 말이다. 학교에서 아이들 문제도 마음이 상해서 울 때노 많나. 그때만큼 박박하고 억울하고 슬픈 적도 드물지만, 가끔 나 자신이 싫어지거나 더럽다는 생각이 들어 견딜 수 없을 때 나를 구원한 것은 아이들 때문에 울었던 기억들이다. 돌이켜 보면, 내가 고통을 느끼거나 슬퍼할 때만큼은 죄악에서 벗어나 있었다는 생각이 든다. 그러니 손님처럼 가끔 찾아오는 아픔이나 슬픔을 박대할 일만은 아니다.

나는 아이들과 대화를 하다가 종종 눈물을 보이곤 하는데 그럴 때마다 내심 쾌재를 부른다. 억지로 울고 싶다고 울어지는 것도 아닌데 때를 맞추어 나오는 눈물이 반가운 것이다. 아무리 문제가 많은 아이라도 교사의 눈물에는 약한 구석이 있기 때문이다. 헌데 눈물을 흘리면서도 그런 희망마저 없는 경우도 있다. 죄의식이 없는 아이에게 죄의식을 심어 주는 일만큼 막막한 일이 또 있을까? 너무도 막막해서 울고 있는 나를 빤히 바라보는 아이에게 이런 말을 해 준 적이 있다.

"인마, 너 대신 내가 운다!"

흔히 자라나는 아이들을 '싹' 으로 비유하기도 한다. '싹수가 노랗다' 라는 말이 있다. '싹수없는 녀석' 이란 말도 있다. 유감스럽게도 '싹' 에 관한 비유는 대개가 이렇듯 부정적이다. 학교에서도 "싹수가 노란 놈들은 모가지부터 잘라 버려야 해!"라는 극단적인 언어 표현을 종종 듣기도 한다. 그때마다 나는 이렇게 되묻고 싶은 충동을 느낀다.

"그 아이가 싹수가 노란 것을 어떻게 알지요?"

시비를 걸자고 하는 말이 아니다. 나는 정말 궁금한 것이다. 아이의 머리 부분에 노란 싹이 돋아나 있는 것도 아니지 않은가. 정

    그 아이의 싹수가 노란 것을 어떻게 알았을까?

말 그런 것을 잘 아는 비상한 능력이 있다면 그는 상담 전문가가 되면 좋으리라. 암도 조기에 발견하면 치료할 수 있는 세상이 아닌가. 아이의 인격적인 결함을 미리 알아서 적절한 조처를 취해 준다면 아이를 위해서나 학교를 위해서나 얼마나 좋은 일이겠는가.

유감스럽게도 아이의 노란 싹수를 식별하는 능력이 내게는 없다. 내 앞에 있는 아이가 어떤 아이인지 알 수 없어서 답답할 때도 많다. 물론 그것은 내 능력의 문제만은 아니다. '미숙함'은 아이들의 본질이요, 정체성이기 때문이다. 그 아이가 미숙해서 그런 행동을 한 것인지, 싹수가 노랗기 때문에 그런 건지 평범한 눈을 가진 나로서는 알 길이 없다. 그러니 일단 골고루 물을 줄 수밖에는 다른 도리가 없다

두 아이가 학교를 떠났다. 이른바 '사고'를 쳐서 전학을 전제로 한 퇴학 처분이 내려졌기 때문이다. 죄명은 금품 갈취였다. 약하고 착해 빠진 급우를 골라 신변 보호를 해 주는 조건으로 정기적으로 돈을 상납받은 것이었다. 나는 두 아이의 담임 자격으로 그들의 잘못을 가리고 벌을 내리는 자리에 함께 있었다. 학생부장 선생님이 누 아이가 어떤 잘못을 저질렀는지 육하원칙에 따라 낱낱이 이야기할 때 어디선가 울음소리가 들려왔다. 뒤를 돌아보니 한 아이의 모친께서 슬픔을 억제하지 못하고 흐느껴 울고 있었다.

사실은 나도 간신히 울음을 참고 있던 참이었다. 아이를 바로잡

  겨우 핀 아이들

아 주지 못한 책임감과 함께 이제 막 양심의 눈이 떠진 아이의 손을 놓아야 한다는 생각에 가슴이 너무 아팠던 것이다. 그렇다고 아이의 모친처럼 드러내 놓고 울 수도 없는 노릇이었다. 이를 악물고 울음을 삼킨 채 허공으로 눈을 돌리다가 한순간 아이와 눈이 마주쳤다. 아이도 속울음을 우는지 눈이 젖어 있었다. 눈물의 삼중주라고나 할까?

나는 한 가지 궁금한 점이 있었다. 만약 퇴학 처분이 내려진다면 이 아이는 어떤 태도를 보일까? 전날 나는 그 아이와 이런 대화를 나누었다.

"만약 학교에서 널 퇴학시키면 네 마음에 학교에 대한 원망 같은 것이 있을 것 같니?"

"조금은요."

"그래? 그럼 네가 괴롭혔던 아이들에 대해서는? 그들 중에서 네 이름을 댄 아이들을 찾아내서 어떻게 하고 싶은 마음이 있니?"

"그런 마음은 없어요. 그땐 몰라서 그랬지만 지금은 제가 잘못한 거 알고 있어요."

"그래. 그래야지. 근데 네가 잘못한 것을 깨달은 게 언제부터야?"

"선생님이 저 때문에 우셨잖아요. 그때부터……."

"그래. 고맙구나. 한 가지만 부탁하마. 난 널 위해 최선을 다할 거야. 하지만 잘 안 될 수도 있어. 그래도 학교를 원망하면 안 돼.

　　　　　그 아이의 싹수가 노란 것을 어떻게 알았을까?

네가 잘못한 거니까. 그리고 이제 잘못을 깨달았으니까 된 거고. 무슨 말인지 알지?”

“예, 선생님.”

이런 대화가 오간 뒤였지만 확신할 수는 없었다. 난 아직 아이를 다 안다고 말할 수 없으니까. 그가 인격적으로 미숙한 아이인지, 아니면 이미 싹수가 노란 아이인지 식별할 수 있는 능력이 내겐 없으니까. 나는 다음 날이 되어서야 그 아이에 대한 눈이 제대로 떠졌다. 그날 저녁 아이는 나에게 전화를 걸어 급우들에게 사과하고 싶으니 하루만 더 학교에 가게 해 달라고 간청을 했던 것이다.

다음 날 아이는 급우들에게 울먹이며 진심 어린 사과를 했고, 슬픔이 복받치는지 더는 말을 잇지 못하고 서 있는 동안 나 또한 아이들 몰래 속울음을 삼키고 있었다. 바로 그때, 교실 어느 쪽에선가 손이 눈가로 가는 아이가 보였다. 가만 보니 그 아이 말고도 눈알이 벌게진 아이가 서너 명이 더 있었다. 그들 모두 평상시 행동이 썩 좋은 아이들은 아니었다. 하지만 단언하건대, 싹수가 노란 아이들은 결코 아니었다.

뻔한 잔소리에 인생을 확 바꾼 아이들

"김 아무개. 어, 어디 있어?"

"선생님, 저 여기요."

"어, 오늘은 앞에 앉았네."

"선생님, 저도 앞에 앉았어요."

아이들의 이름을 부르며 시작하는 수업 시간. 학기 초에는 번호 순으로 이름을 부르며 앞에서부터 차근차근 눈을 맞추곤 했다. 그러던 것이 언제부턴가 앉은 자리가 들쑥날쑥해져 내 눈길도 덩달아 앞뒤 좌우로 헤맬 수밖에 없었다. 눈이 나쁜 아이들을 위해 자리를 바꿔 주었다고 말은 하지만 뒤로 자리를 옮긴 아이들의 수업 태도를 보면 그것이 진짜 이유 같지는 않았다.

그렇다고 강제로 자리를 옮기게 할 수도 없었다. 그런 강압적인 태도로 인한 부작용도 문제지만, 교사의 주관적인 판단으로 학생의 말을 무조건 의심할 수도 없는 노릇이었다. 그러다 보니 어쩔 수 없이 들쑥날쑥한 자리에 따라 눈을 이리저리 옮기는 것이 익숙해지고 있을 즈음, 두 아이가 본래의 앞자리로 돌아와 있었던 것이다.

"웬일이야? 선생님 얘기 듣고 인생을 확 바꾼 거야?"

"예? 예."

"저도요, 선생님!"

"요것들 이뻐 죽겠네!"

살다 보니 이런 일도 생기나 보다 싶었다. 수업 시간에 늘 딴짓만 하던 두 아이가 저 스스로 앞자리로 돌아온 것도 놀랄 일이거니와 나를 빤히 올려다보는 두 아이의 눈동자가 마치 냇가에서 발견한 물먹은 조약돌처럼 반짝거리고 있었던 것이다. 그중 한 아이는 며칠 전 이런 낙서 같은 글을 남기기도 했다.

심심하다. 항상 난 심심해. 그냥 학교 다니기 싫어. 졸라 잼없어. 아! 그냥 대충 살자. 피시방 가고 싶다. 심심하다. 아, 학교 다니기 싫다. 선생님, 맨날 공부만 하지 마세요. 재미없어요. 학교 올 맛이 안 나요.

그날 우리는 진도를 조금 일찍 끝내고 '봄 수업'을 하고 있었다. 하얀 종이를 한 장씩 나누어 주고 '나에게 쓰는 편지'를 써 보라고 했다. 머릿속에 있는 생각들을 있는 그대로 종이에 담아 보라고 했다. 낙서해도 좋고 그림을 그려도 좋지만 그 속에 자신의 진실이 담겨 있으면 좋겠다고 했다. 그리고 수업에 대해서도 하고 싶은 말이 있으면 해 보라고 했다. 그러니까 낙서처럼 휘갈긴 몇 줄의 글이 그 아이의 진실인 셈이었다.

학교에 올 맛이 안 나는 것이 학생 잘못일까, 교사의 잘못일까? 어차피 정답을 바랄 수 없는 물음이지만 그래도 내 수업을 반성해 볼 필요는 있었다. 그런데 아무리 생각해도 내 수업에 문제가 있는 것 같지는 않았다. 그런 생각을 하게 된 것은 대다수 학생이 수업에 대해서 따뜻하고 긍정적인 글을 많이 써 준 탓이기도 했다.

선생님, 저는 이 학교에 와서 선생님 수업을 들으면서 참 다행이라고 생각했어요. 전 중학교 때부터 영어엔 관심도 없었고, 영어 공부를 하려면 어떻게 해야 하는지도 몰랐어요. 그런 걱정을 고등학교에 와서 더 했어요. 하지만 선생님이 참 재미있고 쉽게 가르쳐 주셔서 참 좋았어요. 앞으로도 잘 부탁합니다.

선생님을 처음 뵈었을 때 느낌이 왔습니다. "앗, 저분은 웃음을 가진 분이시다!"라고 말이죠. 선생님이 친절한 교사가 되겠다고 말씀하실 때 믿기지 않았지만 영어 시간이 되고 선생님이랑 수업할 때 저절로 공부해야겠다는 생각이 들고 한 가지라도 하게 돼요. 고맙습니다. 선생님, 사랑해요.

그렇다면 왜 이 아이는 수업 시간에 심심한 것일까? 물론 그 이유야 뻔하다. 공부에 취미가 없기 때문이다. 아무리 쉽고 재미있게 수업을 해도 공부는 공부이다. 공부는 원래가 재미없는 것이 아닌가. 재미가 없어도 장래를 위해서 해야 한다. 하지만 그런 생각을 하기에는 너무 철이 없고 당장은 노는 게 좋은 것이다.

문제는 노는 것이 금지되어 있는 수업 시간이다. 놀 수 없으니 심심할 수밖에 없다. 심심하지 않으려고 딴짓을 하다가 들키면 혼이 나든지 잔소리를 들어야 하지만 그것이 한 시간 내내 심심한 것보다는 나을 테니 교사의 눈치를 보아 가면서 다시 딴짓을 할 수밖에 없다. 그것이 교사인 나로서는 섭섭하고 화가 나기도 하지만 아이가 매일같이 치러야 하는 심심함의 고통에 비하면 아무것도 아닐 것이다.

봄 수업을 하고 난 며칠 뒤, 나는 그 아이를 자리에서 불러 세웠다. 물론 그날도 키득키득 웃어 가며 옆 아이에게 말을 걸다가 내게 걸린 것이었다. 나는 천천히 그 아이의 자리로 걸어가 잠시 멈춰 서 있다가 그의 손을 잡고 전체 아이들을 향해 이렇게 말을 했다.

"선생님은 여러분이 수업 시간에 떠들고 잡담하는 거 이해할 수 있어요. 공부에 취미가 없어서 그러는 건데 그것이 아주 큰 잘못이라고 생각하지는 않아요. 하지만 여러분 자신을 위해서 수업 태도를 고쳤으면 좋겠어요. 공부하기 싫은데 억지로 자리에 앉아 있으

     겨우 핀 아이들

려면 얼마나 심심하고 짜증 나겠어요. 지금 여러분이 공부하기 싫어하는 것은 어쩌면 노력해서 그에 대한 보람 같은 것을 느껴 본 경험이 없기 때문일 거예요. 공부를 통해서 이런 보람을 느껴 본 사람은 학교생활이 재미있을 수밖에 없어요. 선생님도 하루에 적어도 다섯 시간은 책을 보든지 공부를 하는데 그 시간만큼 재미있고 행복한 시간도 없어요. 여러분도 한번 그런 재미와 보람을 느껴 보세요. 이제부터라도 여러분의 인생을 확 한번 바꿔 보세요."

이런 말에 아이들이 혹해서 돌아온다면 얼마나 교사 생활이 편하고 좋을까? 아이들에게도 그보다 더 좋은 일이 없을 것이다. 하지만 이런 말은 학생들에게 또 한 번의 잔소리에 불과하다. 해서 아이의 손을 꼭 쥐고는 있었지만 다음 날 그 아이의 태도가 달라져 있으리라고는 꿈에도 생각지 못했던 것이다. 그러니 코밑이 '시컴시컴' 한 남자아이들이라고 해도 얼마나 귀엽고 예뻐 보였겠는가. 그날 나는 수업을 하면서 두 번 세 번 두 아이의 머리를 번갈아 쓰다듬어 주었다.

지금 생각해 보면, 두 아이는 무엇보다도 교사인 내가 그들의 마음을 이해해 준 것에 대해 고마움을 느끼고 있었는지도 모르겠다. 어쩌면 그 고마움에 대한 표시로 자신의 삶을 바꿔 볼 생각을 했을지도. 그렇지 않고서야 어찌 그 뻔한 잔소리에 인생을 확 바꿀 생각을 했겠는가 말이다. 좀 더 두고 볼 일이지만.

  뻔한 잔소리에 인생을 확 바꾼 아이들

겨우 핀 아이들

누가 나를 끌었을까

길 가다 말고 허리 굽혀

한참을 바라보니

꽃의 형상이 보였다.

저 작은 것들은

어쩌자고 피었을까

꽃이 피었다기보다는

생냉이 피었다고 해야 옳겠다.

해묵은 낙엽더미에서

겨우 핀 꽃들에게

차마 사진기를 들이대지 못하고

눈으로만 찍고 또 찍다가

넌 왜 피었니?

그쪽은 왜 피었는데요?

한마디씩 주고 받다 보니

기막힌 마음이 더했다.

난 왜 피었을까?

묻고 또 묻다가

쪼그린 자세를 풀고 일어설 때는

묵은 피가 도는지 가슴께가 아팠다.

오랜만에

겨우 사람이 된 기분이었다.

졸시, 〈겨우 핀 꽃〉

장미나 백합처럼 용모가 빼어나고 향기까지 진한 꽃을 보면 꽃 중
에서도 축복받은 꽃이라는 생각이 든다. 하지만 그런 꽃을 보면 아
름답고 예쁘다는 생각이 들 뿐, 생명이라는 단어가 쉬이 떠오르지

 겨우 핀 아이들

는 않는다. 그것은 아마도 생명에 덧입혀진 것들이 화려하고 찬란하기 때문이리라. 반면에 가까이 들여다보아야 꽃인지 분간할 수 있을 만큼 작고 소박한 꽃들을 보면 곱다거나 예쁘다는 생각에 앞서 오묘한 한 생명을 대하고 있는 듯한 숙연한 느낌마저 든다. 그 작은 것들이 겨우내 얼어 죽지 않고 목숨을 부지한 사실이 신기하기만 한 것이다.

가끔 이런 생각을 해 본다. 내가 만약 전문계가 아닌 인문계 학교에서 근무했다면 아이들을 생명으로 대할 수 있었을까? 지금 내가 근무하고 있는 학교에도 겨우 핀 아이들이 많다. 학교에서 만나는 아이들 중에는 생명에 덧입혀진 것들이 거의 눈에 띄지 않아 오히려 그 생명 자체를 깊이 바라보게 되는 아이들이 있다.

그들은 속도와 경쟁, 그리고 점수의 왕국에서 남을 앞서 가기는 어려운 아이들이다. 해서, 차라리 인간의 길을 열어 주고 그 길을 따라 천천히 걸어가게 한다. 더디어도 그 길에서 누군가를 만나 사랑을 나누고 올곧은 마음 하나만으로도 한세상 살아갈 힘을 얻으리라는 믿음을 버리지 않으면서 말이다. 그들에게는 무엇보다도 교사의 사랑이 필요하다.

한 인간의 불우한 성장 과정을 그린 소설을 읽다 보면 그들이 학교에서나마 좋은 선생님을 만나기를 바라는 마음이 생긴다. 하지만 십중팔구는 나의 바람과는 정반대로 이야기가 전개된다. 소설은 허구지만 현실의 세계를 반영한다는 점에서 소설 속의 교사의 모습이 우리 자신의 모습인 것만 같아서 마음이 씁쓸해진다.

한때 나는 아이들을 차별한 적이 있었다. 생명에 덧입혀진 조건들을 바라보고 있었을 때의 얘기다. 나의 눈길이 한두 아이에게 머무는 동안 얼마나 많은 아이들이 마음에 상처를 입었을까? 다행히도 지금은 아이들을 차별하지 않는다. 수업 시간마다 아이들의 이름을 불러 주고 눈을 맞추면서 그들을 수놓은 조건의 화려함보다도 생명 그 자체를 바라보는 일에 익숙해졌기 때문이다. 바로 그 무렵의 일이다.

쉬는 시간에 한 아이가 교무실로 나를 찾아왔다. 그 아이의 손에는 아주 작게 접은 쪽지가 하나 들려 있었다. 쪽지의 주인도 아주 작은 아이다. 몸집도 작은 편이지만 행동거지나 말소리가 유난히 작게 느껴진다. 출석을 부를 때마다 나는 그 아이 곁으로 바짝 다가가야 한다. 멀리서 보면 입만 달싹일 뿐 소리가 잘 들리지 않기 때문이다.

출석을 부르는 것이 그저 출석 여부를 점검하는 절차라면 아무 문제가 없다. 하지만 매번 출석을 부를 때마다 이런 대화가 오가기 때문에 귀를 바짝 세워 놓고 있지 않으면 안 된다.

"김○○!"

"I love you!"

"I love you, too!"

아이의 말소리가 왜 그리 작고 부자연스러운지 그 이유를 나는 잘 모른다. 어릴 적에 질병을 앓았거나 사고가 있었는지도 모를 일이다. 교무실 책상에 앉았다가 뭔가 기척이 느껴져서 뒤를 돌아보니 그 아이가 서 있는 것이었다. 손에 든 쪽지를 나에게 건넬 때는 나도 모르게 자리에서 벌떡 일어났다.

"무슨 일이 있니?"

그 아이가 교무실까지 찾아와 나에게 쪽지를 건네리라고는 상상도 못했거니와, 만약 그런 일이 있다면 나에게 상처를 입은 것이 분명하다는 생각이 불쑥 든 것이었다. 나는 아이가 보는 앞에서 쪽지 내용을 확인하고 싶었다. 아니, 그래야만 했다. 드디어 쪽지에 깨알같이 적힌 아이의 글씨가 눈에 들어왔다.

영어 선생님께

안녕하세요.

저 김○○이에요.

선생님께 고마워서 편지 쓰는 거예요.

여기까지 읽고 나는 일단 안도의 한숨을 내쉬었다. 무엇이 고마웠을까? 나는 그것이 몹시 궁금해서 아이를 세워 둔 채 얼른 편지를 읽어 나갔다.

제가 중학교 때 영어 단어를 안 외워서 점수가 낮았는데, 고등학교 올라와서 선

생님을 뵈었을 때, 순간 남달랐어요.

영어 단어도 눈에 들어오고 조금씩 알게 되었어요.

영어가 이해도 돼서 중간고사 때 점수가 중학교 점수를 훨씬 뛰어넘었어요.

선생님 감사해요.

영어가 좋아졌어요.

나는 거기까지 읽고는 편지를 다 읽은 줄로만 알았다. 아이의 등을
토닥여 보내고 난 뒤에야 중요한 문구가 눈에 들어왔다.

저 오늘 생일이에요.

나는 백 미터 단거리 선수처럼 교무실을 뛰쳐나가 불과 십 초가 채
못 되어 아이의 교실에 닿았다. 손에 아무것도 든 것이 없어서 더
욱 마음을 다해 아이의 생일을 축하해 주었다. 나는 아이의 어깨에
손을 올리고 잠깐 동안 아이의 눈을 들여다보았다. 한순간 아이의
눈이 반짝 빛났다. 아이는 누군가를 사랑하고 있는 것 같았다. 학
기 초에 나와 한 약속을 지킨 것이 분명했다. 자기 자신을 사랑하
겠노라는.

"너만 상처받는 게 아니야,
선생님도 상처받아"

"선생님, 저 조퇴시켜 주세요."

조회를 하러 교실에 들어서자마자 윤지가 나를 기다리고 서 있다가 말을 걸었다. 인사도 없이 퉁명스럽게 내뱉은 말이어서 기분이 나빴다기보다는, 무방비 상태로 걸어가다가 발이라도 채인 사람처럼 반사적으로 곱지 않는 시선을 아이에게 던졌다. 목소리에도 화가 실려 있었다. 어차피 절반은 화가 난 흉내를 낸 것이었지만.

"녀석아, 인사라도 하고 조퇴시켜 달라고 해라."

하지만 윤지는 퉁명스런 표정을 풀지 않고 자기 말만 할 뿐이었다.

"4교시 끝나고 조퇴시켜 주세요."

"왜 조퇴하려고 그러는데?"

"오늘 할머니 집에 가야 해요. 할머니 집이 먼데 조퇴 않고 어떻게 가요?"

"허허. 요 녀석 말버릇 봐라."

"할머니가 아프신데 안 갈 수 없잖아요?"

이쯤에서 나는 흉내만이 아닌 진짜 화가 솟구치려고 했다. 솟구치려고 한 것이지 솟구친 것은 아니어서 그래도 말끝이 거칠면서도 부드러웠다.

"누가 가지 말래? 처음부터 네 사정을 공손하게 말했어야지?"

"어제 조퇴해 달라고 말씀드리니까 선생님이 내일 말하라고 그러셨잖아요."

"그건 네가 오늘 4교시 끝나고 조퇴한다고 하니까 오늘 말하면 되겠다 싶었지."

"그래서 지금 말하잖아요."

"그게 공손하게 말한 거야? 선생님 보고 인사도 않고 들어오자마자 퉁명스럽게 조퇴해 달라고 하는데 누가 기분 좋겠니?"

"그럼 조퇴 안 해 주실 거예요?"

"누가 안 해 준대?"

"그럼 빨리 해 주세요."

나는 사실 그때까지만 해도 그다지 화가 난 것은 아니었다. 그렇게 설명을 해 주었는데도 말귀를 못 알아먹는지, 아니면 어제의 일로 심사가 틀어져 있었기 때문인지 여전히 퉁명스런 표정을 풀지 않는 아이의 겨드랑이라도 간질여서 웃는 모습을 보고야 말겠다는 그런 심사였던 것이다.

그런 내가 버럭 화를 내다 못해 책상까지 내리치며 사뭇 달라진 눈빛을 아이에게 보이게 된 것은 그 후에 어떤 특별한 사건이 있었다기보다는 어쩌면 그것도 하나의 흉내거나, 혹은 나도 모르게 감행한 작전이었는지도 모르겠다. 작전 명령은 '선생님을 대하는 버릇이 꽝인 한 아이를 구하라' 정도였을까?

나는 윤지에게 할머니가 어디에서 사시는지, 갈 때는 누구랑 함께 가는지, 할머니가 얼마나 많이 편찮으신지를 물어볼 생각이었는데 대답을 하는 아이 특유의 버릇없고 퉁명한 표정은 조금도 달라질 기미가 없었던 것이다.

나는 순간적으로 화가 폭발했고, 다행히도 윤지는 군소리 없이 자리에 들어갔다. 이럴 때 가끔 교사의 권위에 관한 여러 가지 생각이 교차하는 것이 사실이다. 이대로 화를 풀지 않고 아이가 내게 와서 사과하고 조퇴를 해 달라고 사정을 할 때까지 기다리면 그만 아닌가. 아마도 그 여파는 학급 전체 아이들에게까지 퍼져 그날 이후로 이런 조퇴 따위의 문제를 가지고 신경을 쓸 일이 없어질지도 모를 일이다.

어디 그뿐인가? 조회 시간이 되면 내가 먼저 환한 얼굴을 하고 인사를 해도 아무도 답례를 하지 않는, 그래서 한 번 더 또 한 번 더 교실 밖으로 나갔다가 다시 들어와 인사를 해도 물끄러미 바라보

   겨우 핀 아이들

기만 하는 아이들도 나를 대하는 태도가 달라지고 말 것이다. 그런 생각을 하다 보니, 학기 초에 꽉 잡았다가 조금씩 풀어 주면 한 해 내내 아이들 때문에 골치 아플 일이 없으리라는 동료 교사들의 충고가 진리처럼 가슴에 다가오기도 했다.

다행히도 이런 위기에서 내가 선택한 길은 언제나 쉬운 길이 아니라 옳은 길이었다. 더디고 억울해도 그 옳은 길을 선택한 나에게 한 번도 손해 본 일이 없었다는 것은 진실의 아이러니라고 할까?

나는 윤지를 불러내기 전에 잠시 생각에 잠겨 있었다. 윤지와 있었던 과거의 일들을 떠올려 보기도 했다. 얼마 전에 윤지가 내게 보내온 첫 편지에는 나의 첫인상이 너무 좋았다는 말과 함께 소녀 특유의 고운 수채화 같은 말들이 깨알같이 박혀 있었다. 이런 아이 였다니! 싶을 정도로 속내가 깊고 표현력이 풍부한 아이였던 것이다. 문제는 그런 표현과는 너무도 거리가 먼 아이의 어리고 철없는 행동이었다.

나는 윤지를 나오라고 했다. 복도로 가서 얘기할까 하다가 아이들 앞에서 화를 냈으니 아이들 앞에서 풀어 줄 필요가 있었다. 아니, 다른 아이들도 이번 기회에 제 담임의 속내와 진실을 알 필요가 있었다. 나는 원망이 가득 찬 아이의 검은 눈을 바라보며 이렇게 말했다.

"선생님이 너에게 다정하게 말하지 않고 퉁명하게 대하면 기분

안 좋지? 나도 네가 나에게 퉁명하게 말하면 기분이 안 좋아. 네가 아무런 감정 없이 말을 그렇게 한다는 것을 알면서도 그래. 선생님은 아까 너에게 아무런 감정이 없었어. 화가 나기는 했지만 미운 감정은 눈곱만큼도 없었어. 하지만 너처럼 말을 그렇게 퉁명스럽게 한 거야. 아침마다 선생님은 교실에 들어오면서 너희들에게 인사하지? 그런데 넌 인사를 받아 준 적이 없을 거야. 그것이 선생님에게 감정이 있어서 그런 것이 아니라는 거 다 알아. 그래도 난 섭섭했어. 아니 상처를 받기도 했어. 너, 오늘 선생님에게 상처받았는지도 모르겠다. 그랬다면 사과할게. 하지만 너만 상처받는 게 아니야. 선생님도 상처받아."

정말 아이들은 모를까? 선생님도 아이들 말 한마디, 표정 하나에 상처받을 수 있다는 것을. 윤지의 표정을 보니 정말 그런 모양이었다. 감정을 자제하느라 애썼지만 그래도 어쩔 수 없이 고인 눈물을 아이가 보았을까? 아니면 상처라는 말의 위력 때문이었을까?

말을 마칠 무렵, 원망이 가득하던 아이의 눈이 어떤 알 수 없는 다른 표정으로 채워지고 있었다. 아직은 알 수 없는. 알 수 없지만 알 것도 같은.

   겨우 핀 아이들

왜 교사는 항상 학생들에게 져야 하지?

여름은 덥다. 여름이니까 더운 것은 당연하다. 만약 무더운 여름이 없다면, 여름이 여름답지 않다면 풍성한 가을을 기대하긴 어려울 것이다. 아이들과의 만남도 마찬가지다. 피할 수만 있다면 피하고 싶은, 그 쓰디쓴 잔을 사양하고 싶은 그런 날들이 있다. 공교롭게도 그 시기는 땡볕이 내리쬐는 여름과 겹칠 때가 많다. 문제는 그 고통의 시간이 대자연의 여름처럼 생산적이지만은 않다는 데 있다. 그런 날은 선풍기조차 더운 바람을 내뿜기 마련이다. 그래서일까? 여름에 쓴 시 한 편은 이렇게나 짧다.

너도 괴롭겠구나.

한 자락 새로운 것 없이

묵은 바람만 불어 대고 있으니.

졸시, 〈선풍기〉

완도로 수련회를 다녀온 다음 날, 나는 평소의 습관대로 눈을 뜨자마자 속옷 차림으로 거실에 나가 기도를 했다. 오늘 하루 아이들 앞에서 절대로 화를 내거나 짜증을 내지 않도록 해 달라는 기도였다. 아무리 아닌 척해도 인간이란 다 거기서 거기다. 별일도 아닌 것을 가지고 아이들에게 짜증을 부리거나 버럭 화를 낸 그날이 공교롭게도 그해 불쾌지수가 가장 높은 날일 때가 많다. 그래서 그런 일을 미리 예방할 수 있는 방책이 필요했던 것이다.

조금 이른 더위라 에어컨도 작동되지 않는 좁고 무더운 교실에서 교사와 학생이 동시에 짜증을 내 버리면 교실 분위기가 얼마나 살벌하겠는가? 어느 한쪽이라도 마음의 여유를 가지면 좀 낫지 않을까 싶어서 드린 기도였다. 거기에 한 가지 이유가 더 있었다.

수련회 마지막 날이었다. 수련회 기간 동안 아이들과 별일 없이 잘 지냈는데 한순간 화를 참지 못하여 한 아이와 감정을 상하고 말았다.

"선생님, 짜증 나요. 돈을 오만 팔천 원이나 냈는데 왜 남의 반에 끼어서 가야 해요?"

"올 때는 우리 반끼리 편하게 왔잖아. 갈 때는 우리가 양보해야지."

"그냥 한 차에 한 반씩 타면 되잖아요."

"그러면 돈을 더 걷어야 하거든. 그러니 네가 이해하고 짜증 내지 마라."

　　　　　　　　　　　　　　겨우 핀 아이들

"짜증이 나는 걸 어떡해요?"

"짜증 내면 너만 손해잖아."

"짜증 내고 손해 볼 거예요. 돈을 오만 팔천 원이나 냈는데……."

"(핏대를 올리며) 너 금방 선생님이 말한 거 이해가 안 된 거냐? 한 반에 한 대씩 타고 가면 돈을 더 걷어야 한다고 했잖아."

"(퉁명스럽게) 알았어요."

"허허. 말버릇이 그게 뭐야. 선생님이 네 친구야?"

"알았다니까요!"

대화의 내용을 보면 교사는 잘못이 없어 보인다. 그런데도 나는 아이에게 먼저 사과를 했다. 왜 그랬을까? 그것은 감정의 문제를 논리로 풀려고 했기 때문이다. 그때 만약 이렇게 대화를 풀어 나갔으면 얼마나 좋았을까?

"돈을 오만 팔천 원이나 냈는데……."

"내 생각에도 수련회비가 좀 비싸긴 하더라. 놀러 가는 것도 아니고 훈련을 받는 건데 절반이라도 국가에서 보태 주면 좋은데 말이야. 학교에서도 너희 부담을 덜어 주려고 하다 보니 그렇게 된 거야. 네가 이해해라."

그런 식으로 대화를 풀지 못한 것은 물론 교사로서 나의 미숙함 때문이겠지만, 그 아이가 평소에 버릇없이 구는 아이가 아니라는 사실 때문일 수도 있다. 말하자면 이런 심리였다.

'너까지 날 속상하게 할 거야?'

다음 날 학교에 출근해 직원 조회를 마치고 교실에 들어서자 책상에 엎드려 있는 그 아이의 모습이 눈에 들어왔다. 귀에는 이어폰이 꽂혀 있었다. 나는 다가가 어깨를 가볍게 흔들며 부드러운 목소리로 이어폰을 빼고 자세를 바르게 하라고 말을 했다.

아이는 잔뜩 골이 난 표정으로 이어폰을 빼어 냈을 뿐, 자세를 바르게 하지는 않았다. 나는 한 번 더 주의를 줄까 하다가 그만두었다. 버럭 화를 내 버릴 것 같은 불안감 때문이었다. 결국 그래서 일을 그르친 것 아닌가.

그래도 그렇지. 내가 먼저 사과를 했고, 하루가 지났는데도 화를 풀지 않다니? 교사가 먼저 사과를 하기가 어디 쉬운 일인가. 그것도 버릇없이 군 아이에게 언성을 높여 꾸지람을 준 것은 잘못이라고 할 수도 없는데. 그렇다면 지금 저 아이는 혹시 나에게 묵언의 항변을 하고 있는 것은 아닐까? 다른 아이들의 짜증은 잘 받아 주면서 말썽 한번 피우지 않고 잘하고 있는 자신에게는 버럭 화를 내 버린 것이 섭섭했을까?

이렇게 생각이 복잡해지자, 나는 서글퍼졌다. 왜 나만 이해하고, 나만 용서하고, 나만 사과해야 하는가? 그 역할이 가끔은 뒤바뀔 수도 있지 않은가? 그래야 참고 기다려 온 보람도 있는 것 아닌가. 나는 자꾸만 슬픔의 나락으로 빠져들었다. 그런데 기도의 효험이었을까? 어느 순간 나의 입가에 살포시 미소가 지어졌다. 그날 아침 조회 시간에 아이들에게 이렇게 물었다.

"부부싸움을 하면 누가 먼저 사과할 것 같습니까?"

난데없는 질문을 받고 멀뚱멀뚱하게 나를 쳐다보는 아이들에게 나는 이렇게 답을 가르쳐 주었다. 어차피 내가 원하는 정답은 나오지 않을 테니까.

"성숙한 사람이 먼저 사과를 하지요. 우린 어땠나요? 언제나 선생님이 먼저 사과를 했지요? 그럼 선생님이 더 성숙한 거네요. 앞으로는 여러분이 먼저 선생님께 사과하세요. 그래야 여러분이 더 성숙한 사람이 되니까요. 선생님이 성숙한 것보다 여러분이 성숙해지는 것이 더 중요하니까요. 이 학교에서 가장 중요한 사람은 바로 여러분이니까요. 선생님은 여러분의 성숙을 돕기 위해 있는 사람이니까요."

말을 마칠 무렵, 마치 어둑한 초저녁 거리에 수은등이 켜지듯 교실 이쪽저쪽에서 눈동자들이 하나 둘 반짝이기 시작했다. 그중 한 아이의 눈이 유난히 빛나더니 무어라고 내게 말을 건네는 것이었다. 처음에는 무슨 말을 하는지 감을 잡지 못하다가 몇 아이들이 한목소리로 외치는 바람에 이내 알아들었다. 이 말이었다.

"선생님, 머리 위에 나비 앉았어요!"

그 말을 듣고서야 나는 내 머리 정수리 부분에 앉아 있는 나비의 감촉을 느낄 수 있었다. 조심스럽게 머리 쪽으로 손을 갖다 대자 나비는 내 손을 건듯 스치고 어디론가 날아갔다.

그날 오후, 나와 말다툼을 한 그 아이는 내게 다가와 사과의 말 대신 환한 웃음을 보여 주고 갔다. 마치 내 머리 위에 잠깐 앉았다 가 날아간 나비처럼.

세계 최초 춤추는 쇼핑몰 CEO를 아시나요?

우리 반 최고의 춤꾼 다혜에게 줄 생일 시를 쓰기 위해 그동안 서로 주고받은 편지를 다시 읽어 보았다. 언제 이렇게 많은 편지를 주고받았지? 하고 놀랄 만큼 편지의 양이 장난이 아니었다. 거짓말을 조금 보태면, 한 권의 책을 묶어도 될 만한 양이었다. 편지 내용은 여학생다운 떠들썩한 수다로 자신의 진로에 대해서 애기한 것이 전부였다. 하지만 내겐 아이의 편지가 어느 유명한 베스트셀러 작가의 소설보다도 더 재미있었다.

✉ ㅎ2준철!

안녕하세요? 선생님, 히히! 저는 다혜라고 합니다. 와우, 선생님께 처음으로 쓰는 메일인 거 같아요. 그리고 곧 있으면 제 생일이고요. 근데 제 생일이 기말고사 둘째 날이에요. 엉엉 완전 슬프고 짜증 나요. 선생님 있잖아요, 전요 정말로 춤이 너무 좋아요. 완전 진짜 춤이 그렇게 좋을 수가 없어요. 어떤 사람들은 세상에서 공부가 제일 쉽다 그러는데, 저는 음…… 공부는 영…… 저한테는 안 쉬워요. 저한테는 춤이 제일 쉬운 것 같고 좋아요. 히히, 저 중학교 때 동아리도 했어요. 헤헤, 안 믿어지시겠지만 저 이런 사람이에요. 근데 지금도 무지하게 추고 싶지만 그럴 수가 없어요. 지금은 그냥 그게 제 취미만 됐을 뿐이에요.

아직도 너무 춤을 추고 싶어서 미칠 지경이에요. 근데 그럴 수 없는 제 마음…… 저 원래 예고에 갈려고 했어요. 근데 아쉽지만 거기를 못 갔어요. 면접까지는 봤는데 그 다음 날 오디션 보는 날인데 못 갔어요. 왜 그랬을까요? 궁금하시죠? 사실 가족들이 제가 춤추는 걸 엄청 싫어했어요. 그리고 예고를 갈려면 돈도 엄청 많이 들잖아요. 그래서 결국엔 포기했어요. 그래도 선생님 저는 지금 효산에 온 거 후회 안 해요. 아이들도 너무 좋고 선생님들도 다 좋으시고요!! 아 선생님, 저는 지금 열심히 지방 덩어리들을 제거하러 운동을 가야겠어요!! 저는 그럼 이만 ~~히히.

✉ 사랑하는 다혜에게

안녕! 우리 다혜 편지 받고 나니 너무 기분이 좋구나. 우리 다혜 춤추면서 기뻐하고 행복해하는 것을 보면 나도 덩달아 기쁘고 즐거워지는데 난 정말 춤 잘 추는 사람이 제일 부럽더라. 네 춤 솜씨의 십 분의 일이라도 따라서 할 수 있다면 얼마나 좋을까? 학급이 조금 시끄럽고 소란스러워도 난 네가 춤추고 행복해하는 모습이 너무 좋단다. 비록 네가 예고에 입학하지 못하고 또 앞으로도 춤을 추

     겨우 핀 아이들

는 일을 전문으로 하지 않아도 춤은 네 인생에서 중요한 역할을 하게 될 것 같은 예감이 드는구나.

꿈을 갖는다는 것은 직업을 택하는 것과는 다르다고 생각해. 네가 춤을 추는 직업을 갖지 않는다고 해도 네 인생이 춤으로 인해 행복해지고 풍성해질 수 있다면 그것이 곧 너의 꿈이 될 수 있다고 난 생각해. 넌 네 생활 속에서 춤을 즐기고 사랑하는 그런 진정한 춤꾼이 되는 꿈을 꾸는 것도 좋겠지. 돈벌이야 다른 것으로 하더라도 말이지. 자 오늘은 여기까지. 내일은 네 꿈과 더불어 실제적인 진로 문제에 대한 얘기를 나누어 보도록 하자. 요즘 우리 학교도 선 취업 후 진학으로 방향을 잡고 있는데 그것도 좋겠다는 생각이 든다. 네 생각은 어떤지 모르겠구나. 그럼 내일 보자. 안녕!

✉ 또 한 번 히히 ㅎ2준철^^

와우! 선생님 너무 감사해요. 저는 다른 사람들에게도 이렇게 길게 받아 보지 못한 편지를 선생님한테 받고 너무 기뻤어요, 히히. 전 지금 경영이와 함께 집에 가기 위해 버스를 기다리고 있답니다. 와우 벌써 버스가 와서 탔어요. 신기하죠, 선생님. 제가 이렇게 집에 가면서 선생님께 편지를 쓰고 있다는 게, 히히. 전 지금 핸드폰으로 쓰고 있어요. 정말 참 세상 좋아진 것 같아요, 그죠? 2학년이 되었는데 전 아직 진로를 못 정했어요. 에휴! 이걸 어떻게 해야 할지 모르겠어요. 전 지금 쇼핑몰 CEO가 되고 싶어요. 지금은 오직 이게 너무 하고 싶어서 대학은 안 가고 바로 시작할까 생각 중이에요. 근데 또 요즘은 대학 안 나오면 좀 창피하

  세계 최초 춤추는 쇼핑몰 CEO를 아시나요?

고 무시하는 그런 게 있어서 또 안 가기는 뭐하고 또 제가 하고 싶은 걸 이루고

대학을 가면 너무 나이가 많을 것 같아서 지금 정말 어떡해야 할지 모르겠어요.

집에서는 간호학과 가라고 하지만 그건 정말 제 적성에 안 맞고 정말 너무 고민

이에요. 이제 2학기이고 곧 3학년이 되는데 어떻게 해야 할지 모르겠어요. 어떻

게 하면 좋을까요? 선생님!

✉ 다혜 안녕!

휴대폰으로 편지를 쓸 수 있다니 정말 놀랍구나. 네 편지를 받고 너희와 편지를

주고받기로 한 것이 참 잘한 일이라는 생각이 든다. 쇼핑몰 CEO가 되고 싶다고

했는데 난 대찬성이고, 할 수만 있다면 적극적으로 밀어 주고 싶구나. 선생님 제

자 중에도 쇼핑몰 CEO가 된 친구들이 몇 있는데 물론 처음에는 새로운 영역을

개척하기 위한 남모를 고생도 많았겠지만 삼사 년이 지나면서 어느 정도 자리

를 잡아 가는 것을 볼 수 있었단다.

간호사도 좋지만 네 적성에 맞지 않는다면 네가 하고 싶은 일을 해 보는 것이 좋

겠다 싶구나. 대신 막연한 생각보다는 쇼핑몰 CEO가 되기 위한 만반의 준비를

해야겠지. 가령, 네가 비록 학생 신분이기는 하지만 쇼핑몰 CEO로서 성공한 사

람들을 만나 본다든지 (학교에도 그런 프로그램이 있더구나!) 하는 적극성을 가

지고 열심히 뛰다 보면 분명히 성과가 있을 거야. 방금 막 생각해 본 건데, 춤추

는 쇼핑몰 CEO가 되면 어떨까? 그럼 너의 두 가지 꿈을 다 이루는 거잖아? 춤

꾼과 쇼핑몰 CEO가 되겠다는 우리 다혜의 꿈이 꼭 이루어질 수 있도록 선생님

도 네 곁에서 열심히 응원하마.

다음은 다혜를 위해 쓴 생일 축하 시다. 그동안 주고받은 편지에서 뽑은 몇 문장에 운율을 넣은 것이니 시라고 할 것도 없다. 하지만 한 번도 시를 쉽게 써 본 적은 없다. 아이들을 한 번도 쉽게 만나 본 적이 없는 것처럼.

춤추는 쇼핑몰 CEO

왜 하필 시험 기간인

유월 이맘때 태어났느냐고

생일인데도 시험 때문에

친구들과 맘껏 놀지도 못한다고

넌 불만이 많은 모양이지만

잠깐 눈을 들어

온통 녹색으로 산과 들을 뒤덮은

저 울울창창한

열여덟 네 나이만큼이나 눈부신

저 유월의 신록을 보아라

네가 꼭 이맘때 태어난 것은

꼭 그맘때 찾아온 사랑 때문이리니

저 나무 우듬지 끝까지

초록을 길어 올리자던

사랑의 언약 때문이리니

우리 반 최고의 춤꾼이여!

시험 때문에 놀아 줄 친구가 없으면

혼자라도 춤사위에 젖어 보거라

춤을 춘다는 것은 사랑한다는 것

나를 어여뻐하고

내 몸을 긍정하는 것

쇼핑몰 CEO가 되겠다는

너의 당찬 꿈도 꼭 이루어지기를

세계 최초의 춤추는 쇼핑몰 CEO가 되어

소복소복 행복하기를

사랑하면 교육이 쉬워진다

아이들과 일일이 눈을 맞추며 이름으로 출석을 부르고 난 뒤에 출석부를 덮고 막 수업을 시작하려는데 한 아이가 이렇게 물었다.

"선생님은 왜 매일 출석을 부르세요?"

"그럼 수업 시간에 출석을 불러야지 안 불러?"

"그냥 안 온 애들만 물어보시면 되잖아요."

"응, 선생님 머리가 안 좋아서 너희 이름을 외우려고. 덕분에 이름 다 외웠잖아."

"이름 다 외우셨으면 이제 출석 안 부르셔도 되잖아요?"

"머리가 안 좋아서 이름 안 부르면 또 잊어버릴 거야."

"이름을 꼭 외우셔야 해요?"

"이름을 모르면 너라고 불러야 하잖아. 너라고 하는 것이 좋아, 이름으로 불러 주는 것이 좋아?"

"이름으로 불러 주는 것이 좋지요."

"그리고 이름을 모르면 야, 너 왜 떠들어! 이렇게 말해야 하잖아. 근데 이름을 알고 있으면 민주야, 수업 좀 하게 좀 잔잔해질 수 없니? 이렇게 부드럽게 말할 수 있잖아."

"아……! 근데 선생님은 수업 시간마다 출석 부르는 것이 귀찮지 않으세요?"

"전혀. 너희와 눈도 맞추고 좋은데 뭘. 그리고 선생님이 본래 성실한 사람이 못 돼서 뭘 하나 끝까지 해 본 것이 별로 없어. 그래서 너희 이름 부르며 눈 맞추는 거라도 끝까지 해 보려고."

"선생님 성실하시잖아요."

"글쎄. 지금은 옛날보다 조금 성실해졌나?"

"옛날엔 불성실하셨어요?"

"응. 그래서 가끔은 과거로 돌아가서 다시 삶을 시작하고 싶을 때도 있어. 불가능한 일이지만……. 근데 내가 돌아가고 싶은 과거가 언제인지 알아?"

"언젠데요?"

"고등학교 1학년."

"그럼 저희하고 같은 학년이 되겠네요?"

"그렇지. 선생님은 고등학교 1학년으로 돌아가는 것이 불가능한 꿈이지만 너희는 지금 고등학교 1학년이야. 무엇이든 다시 시작할 수 있는. 그래서 너희가 얼마나 부러운지 몰라. 자, 수업 시작하자.”

가을이라서 그런지 몇몇 아이들 눈빛이 조금씩 영글어 가는 것 같기도 했다. 그러다 보니 제법 긴 호흡으로 대화가 오가기도 했다.

삶의 어떤 과정에서 저리도 뒤틀어졌을까, 싶을 만큼 행동거지가 거칠거나 생각이 없어 보이는 아이들도 교사의 기대를 늘 저버리지만은 않는다. 그때를 놓치지 않고 칭찬해 주고, 천하를 얻은 듯 그 아이로 인해 기뻐하는 모습을 보여 주면 아이는 조금씩이나마 변화를 보여 준다. 아이들과 대화를 포기하지만 않는다면.

그 후 얼마 뒤에 나는 상구와 형수와도 대화를 나누었다. 상구는 수업 시간에 같은 분단 아이들에게 ‘수업을 듣지 말고 엎드려 자’라고 말해 수업 중인 교사를 화나게 했다. 형수는 수업 시간에 너무 떠든다고 나무라는 교사에게 ‘학교를 그만두면 될 게 아니냐’고 되레 소리를 질렀다. 급기야 학생부장 선생님이 교실에 들어와 사태를 수습해야 할 정도였다.

내가 두 아이의 담임이 된 지 불과 이틀 만에 터진 일이었다. 원래는 부담임이었는데 담임선생님이 지병으로 병원에 장기간 입원하는 바람에 대신 담임 업무를 맡은 것이었다. 먼저, 급우들에게 엎드려 자라고 말한 상구에게 자신을 해명할 기회를 주었다. 그 아이는 전날에도 다른 여교사와의 문제로 나에게 지도를 받았고, 그때도 상식적으로 이해하기 어려운 말을 하여 한순간 나를 혼란스

     사랑하면 교육이 쉬워진다

럽게 만들었다. 하지만 나는 그의 진실을 받아들였다. 이번에도 마찬가지였다.

"제가 잘못했어요. 그런데 그게……. 지난번에도 수학 선생님께 수업 시간에 떠든다고 혼난 적이 있었어요. 그때 수학 선생님이 그렇게 떠들려면 차라리 엎드려 자라고 했어요. 그래서 애들에게 그렇게 말한 거예요. 떠들려면 엎드려 자라고요. 죄송해요."

그의 말이 진실이라면 녀석은 급우들을 선동하여 선생님에게 반항하거나 수업을 훼방할 뜻은 없었다는 말이 된다. 오히려 아이들이 떠드는 것 때문에 힘들어하시는 선생님을 도와줄 한 가지 방법으로 급우들에게 그렇게 말을 했을 수도 있다. 물론 말도 안 되는 엉뚱한 발상이긴 하지만 말이다. 나는 녀석의 말을 믿기로 했다. 믿고 싶어서가 아니라 최근 녀석에게 믿음이 가는 구석이 생긴 까닭이었다.

"난 네 말을 믿는다. 요즘 네가 수업 시간에도 많이 차분해지고 선생님과의 약속도 지키려고 노력하는 것을 보면 믿음이 간다. 하지만 지금 네가 한 말을 다른 선생님들께 말씀드리면 절대 믿지 않으실 거야. 그것은 선생님들의 잘못이 아니야. 다른 선생님들은 널 잘 모르시니까 드러난 사실만으로 판단하시는 것은 당연한 거야. 네 말이 진실이라면 그것을 증명해 보여야 하는 책임도 너에게 있어. 앞으로 수학 선생님께 잘해 드려. 그것만이 너의 진실을 보여 줄 수 있는 유일한 길이야."

형수는 그날 어떤 개인적인 일로 기분이 나빠 있어서 수학 선생님에게 말을 함부로 했다고 잘못을 시인했다. 하지만 나의 추궁에 잘못을 인정했을 뿐, 그 잘못을 다시 반복하지 않을 것이라는 믿음을 준 것은 아니었다. 자기가 한 일을 아직도 잘 모른다고나 할까? 나는 형수를 자리에서 일어나게 한 뒤에 학생들을 향해 이렇게 말했다.

"며칠 전에 형수는 담임선생님이 큰 수술을 받고 회복 중이시니까 며칠만이라도 기도하는 마음으로 학교생활을 잘하자고 철석같이 약속을 해 놓고 약속한 다음 날 피시방에서 있다가 3교시에야 학교에 왔어요. 그날 선생님은 형수를 어떻게 할까 고민하다가 다시 한번 말로 타이르고 약속을 받았어요. 그 후로 나흘 동안 형수는 약속을 잘 지키고 있어요. 선생님이 매를 대지 않는다는 것을 알면서도 약속을 지킨 것은 형수에게 인격이 있기 때문이에요. 그래서 나는 형수를 믿어요. 그런 믿음이 있기 때문에 수학 선생님과 학생부장 선생님께 말씀드려서 내가 지도를 해 보겠다고 한 거예요."

그날 나는 형수가 잘못한 것이 무엇인지 구체적으로 설명을 해 주었다. 가해자로서 피해자의 고통과 아픔에 무지했다는 것. 자기 기분만 중요하게 생각하고 남을 조금도 배려하지 않았다는 것. 모르고 한 일이라도 그것은 씻을 수 없는 죄가 될 수 있다는 것. 하물

   사랑하면 교육이 쉬워진다

며 알고 저지르는 행위는 더욱 큰 죄가 된다는 것. 다행히도 형수는 내 말을 알아듣는 듯했다.

그날 두 아이는 수학 선생님께 진심으로 사과를 드렸고, 수학 선생님도 두 아이의 사과를 흔쾌히 받아들이셨다. 나도 아이들이 진심으로 잘못을 뉘우치는 것 같다는 말씀을 드렸다. 아이들은 정말 잘못을 뉘우친 것일까? 그렇게 쉽게 뉘우칠 수 있는 아이들이 왜 그런 행동을 한 것일까? 혹시 그들이 쉽게 뉘우친 것은 그들의 잘못을 지적하기 전에 그들을 믿어 주고 먼저 그들이 한 행동을 칭찬해 주었기 때문이 아닐까?

칭찬의 위력은 이렇게나 크다. 그날 퇴근 무렵, 상구에게서 문자 메시지가 왔다.

선생님, 저 상구입니다. 저희 때문에 힘드실 텐데 어제랑 오늘 일은 죄송합니다.

너희 때문에 하나도 힘들지 않다. 오히려 보람을 느낀다. 사랑한다.

예, 선생님^^ 좋은 모습 보이도록 노력하겠습니다. 저도 사랑합니다.

     겨우 편 아이들

자기 안에 쉴 만한 그늘이 생긴 아이

산에 다녀와 집에서 쉬고 있는데 우리에게서 전화가 왔다.

"선생님, 저 지금 선암사에 왔어요. 국사 리포트 쓰려고요."

"그래? 선생님도 오전에 산에 갔다 왔는데."

"전 산에는 안 가고 선암사만 구경했어요."

"그래도 절이 산속에 있잖아. 거기 나무도 많고 좋지?"

"네. 너무 좋아요."

수화기를 통해 들려오는 목소리가 마치 산의 정기를 받은 듯 우렁차고 맑았다. 전화를 걸고 있는 아이의 해맑은 얼굴이 눈에 선했다. 당장 그곳으로 달려갈 수만 있다면 한달음에 달려가 손이라도 덥석 잡아 주고 싶었다. 그 맑고 싱싱하고 에너지 넘치는 목소리가 얼마 만인지, 내 마음은 가뭄에 단비를 만난 농부의 심정에 견줄 만했다.

그늘이 존재하지 않는 태양 같은 아이라고나 할까? 그 존재하지 않는 그늘로 인해 조금은 불안해 보이기도 하는, 조금은 충동적이고 채 생각이 영글지 않은, 그러다가도 깜짝 놀랄 만큼 현숙하고 사려 깊은 마음을 글로 담아내기도 하는, 어쨌거나 가까이 다가가면 팔딱팔딱 심장이 뛰는 소리가 들릴 것 같은 그런 아이의 입가에서 갑자기 웃음이 사라진 것은 오월이 막 시작될 무렵이었다.

어느 날인가는 아침 조회를 하기도 전에 교무실로 찾아와 조퇴하고 싶다고 했다. 이유를 물으니 너무 머리가 아프다는 것이었다. 꾀병 같아 보이지는 않았지만 조퇴를 허락해서는 안 될 것 같아서 일단 돌려보냈다가 점심시간에 다시 만나 차분히 대화를 나누었다. 우리의 고민은 친구 문제에 있었다. 처음에는 사소한 오해가 발단이 되었지만 시간이 갈수록 그 골이 깊어진 듯했다.

여학생들은 남학생들보다 친구 문제에 더 민감한 편이다. 그것은 항상 삼삼오오 짝을 지어 다니길 좋아하는 여학생들의 습성과도 연관이 있다. 친구 간에 오해가 생겨 우정 전선에 금이 가면 일단 짝을 지어 다니는 습성을 유지하기가 어렵게 된다. 그늘이 없는 아이일수록 단 하루라도 무리를 벗어나 혼자 외톨이가 된다는 것은 머리가 터져 버릴 만큼 견디기 어려운 일일 수도 있다.

나는 그늘이 없는 아이를 좋아한다. 아니, 그늘이 없는 아이를 바라보는 것을 좋아한다. 그늘이 없다는 것은 아이에게 좋은 일이기 때문이다. 하지만 이런 보편적인 생각을 배반하는 일도 종종 경험한다. 적당한 그늘이 있는 아이들이 비교적 외로움을 잘 견딘다는 사실이 바로 그것이다. 그것은 혹시 자기 안에 쉴 만한 적당한 그늘이 있기 때문은 아닐까? 그날 나는 아이에게 이런 말을 해 주었다.

"선생님은 걷는 걸 참 좋아해. 지난 겨울방학 땐 순천에서 여수까지 걸었어. 해안선으로 난 길을 따라 걸었는데 참 좋더라. 경치가 좋아서가 아니고 나 혼자라는 사실 말이야. 너도 보니까 글을 참 잘 쓰던데 글을 쓰는 사람은 혼자만의 외로운 시간이 필요하거든. 혼자 식당에 가고 혼자 하교하고 그런 일들이 매우 힘들 거야. 하지만 이번 기회에 그런 경험을 해보는 것도 좋아. 외롭지 않으면 인간이 아니야. 외로워 봐야 외로운 사람을 이해할 수도 있고. 이번 기회에 혼자 도서관에 가서 책도 빌려 보고 너 자신과 대화하는 시간도 가져 봐. 선생님이 널 이해해 주고 사랑해 주는 것도 임시방편일 뿐이야. 중요한 것은 바로 너야. 난 네가 강해졌으면 좋겠어. 친구 문제로 자꾸만 도망치려 하지 말고 네가 일이 잘 되도록 한번 풀어 봐. 이번 기회에 다른 좋은 친구들도 사귀어 보고. 알았지?"

이런 말들이 아이의 영혼에 얼마나 깊이 스며들 수 있을까? 나는 반신반의한 것도 아니었다. 허공을 향해 쏘아 올린 화살처럼 기약도 없이 사랑의 언어를 쏘아 올린 것뿐이었다. 그것은 아이에 대한 믿음이 부족해서가 아니었다. 다만, 나는 시간을 생각하고 있었을

　　　　　　　　　　　　　자기 안에 쉴 만한 그늘이 생긴 아이

까? 좀 더 오랜 시간이 흐른 뒤에 사랑이 찾아오리라는. 하지만 그 사랑의 소식은 생각보다 빨리 나를 찾아왔다.

선생님, 쉬는 시간에 잠깐 틈이 나기도 하고 선생님 생각도 나고 해서 이렇게 편지를 써요. 항상 칭찬해 주시고 위로해 주시고 친구 같은 선생님이 제 곁에 있어서 지금까지 너무 행복했고 힘들어도 견딜 수 있었어요. 요새 제게 너무 힘든 일도 있고 그랬지만 그래도 정말 좋은 친구들과 선생님이 제 곁에 있어서 버틸 수 있었어요. 이젠 다짐했어요. 절대 울지 않기로. 혼자서도 꿋꿋이 당당하게 다니기로요! 힘이 들 때 피하려고만 했는데 이젠 부딪쳐 볼 거예요. 어떤 험한 일이 있더라두요. 전 늘 생각했어요. 왜 힘든 일은 나한테만 생기는 걸까 하구요. 하지만 이젠 그렇게 생각하지 않으려고요! 예전 제 모습처럼 밝고 활기찬 모습 보여 드릴게요. 선생님 항상 걱정해 주시고 문자 보내 주시고 다독여 주셔서 감사하고 존경해요. 선생님, 그리고 사랑해요!!

가만 보니 우리에게 새로운 친구가 생긴 듯했다. 그러다가 며칠 전인가는 예전의 친구들과도 잘 어울리는 것 같아서 오해가 풀린 거냐고 물어보니 우리에게서 이런 대답이 돌아왔다.

"그냥 잘 지내기로 했어요."

우리는 그렇게 말하고 그늘 없이 환히 웃어 보였다. 친구 문제로 잠시 드리워졌던 그늘은 사라졌지만, 오히려 외로울 때 찾아가 쉴 만한 내면의 그늘을 소유한 듯, 아이의 거동에 깊이와 여유가 있어 보였다. 발레리나가 되고 싶었지만 허리 부상으로 꿈을 접어야 했던 우리는 경기도 안산에서 현장 취업 중이다. 취업해서 돈을 벌면 패션 쪽 일을 해 보고 싶다고 했다. 우리의 생일에 전해 주었던 시다.

사월이 오면

사월이 오면

네가 태어난 꽃 피는 사월이 오면

살구꽃도 피고 복사꽃도 피고

이름 모를 꽃들도 다투어 피어나는

눈부신 사월이 오면

이제는 가장 먼저

네 이름이 생각나겠다.

사월이 오면

'목련꽃 그늘 아래서

베르테르의 편지를 읽노라'

'사월은 가장 잔인한 달'

   자기 안에 쉴 만한 그늘이 생긴 아이

이런 멋진 말들이 생각나곤 했는데

이제는 가장 먼저

네 갸름한 얼굴이 떠오르겠다.

발레의 꿈은 허리 부상 때문에 접었고

패션 쪽은 너무나 관심이 가지만

어른들의 시선이 좋지 않아 고민 중이라고

네 꿈 이야기를 들려주다가

선생님과 함께할 수 있는 1년

정말 뜻깊고 뭔가 변화하고 성장할 수 있는

조우리가 되었으면 좋겠다고

넌 첫 편지에 그렇게 썼었지.

바로 그 말

변화라는 말 성장이라는 말이

어찌나 빛나 보이던지

어찌나 가슴에 와 박히던지

이제 사월이 오면

가장 먼저 네 이름이 생각나겠다.

네 예쁘고 갸름한 얼굴이 떠오르겠다.

"선생님, 아이들이 많이 변했어요!"

요즘 수업 시간마다 아이들로부터 사랑 고백을 자주 듣는다. 어린 제자들로부터 사랑한다는 말을 듣는 것이 싫을 까닭이 없지만, 사랑의 언어를 전해 받는 내 표정이 그리 환하지만은 않다. 하도 많은 사랑을 받아서 그만 사랑에 물린 것일까? 세상이 열 번 뒤집혀도 그런 일은 없을 것이다. 나는 다만 아이들의 상상력 빈곤이 마음에 걸릴 뿐이다.

영어 시간에 출석을 부르면 "Yes, sir"나 "Here"로만 짧게 대답하지 말고 영어 문장을 하나 만들어 대답해 보라고 했다. 전날 배운 문장도 좋고 간단하게 안부를 묻는 인사도 좋다고 했다. 그런데도 아이들이 선뜻 입을 열지 못하자 할 말이 없으면 "I love you!"라고 말하라고 한 것이 화근이었다.

그 후로는 아이들 거지반이 마치 앵무새처럼 앞사람이 한 말을 그대로 따라 하는 것이 아닌가. 그러다가 한 아이가 내 영혼의 맨 살을 살짝 건들었다.

"I have a dream!(나에게는 꿈이 있어요!)"

"I hope your dreams will come true!(너의 꿈이 꼭 이루어지길 바라!)"

아이와 눈을 맞추고 그런 말을 주고받은 뒤에 나는 반 아이들을 향해 이렇게 말했다.

"얼마 전에 배운 팝송 제목이긴 하지만 그래도 나에게 꿈이 있다고 말한 것이 참 신선했어요. 선생님을 사랑한다는 말도 고맙지만 여러분에게 꿈이 있다는 말이 저는 더 좋아요. 학교에서 가장 중요한 사람은 바로 여러분이니까요."

그날 오후였다. 대학 후배라 평소 말을 놓고 지내는 이 선생이 나를 찾아왔다. 얼굴이 몹시 상기되어 있는 것으로 보아 학생들과 무슨 일이 있는 것이 분명했다. 아니나 다를까. 그녀의 입에서 이런 말이 쏟아져 나왔다.

"애들이 수업 시간에 어찌나 떠드는지 안 되겠다 싶어 기합을 좀 주었더니 저더러 하는 말이, 왜 영어 선생님처럼 말로 하지 기합을 주냐는 거예요. 언젠가 수업 시간에 휘파람을 불었는데 영어 선생님은 자기를 혼내지 않고 '교실에 새가 한 마리 날아왔나 보네!' 하고 말해서 속으로 감동을 먹었다는 거예요. 그래서 더 수업을 열심히 했다고 하면서 자기들만 변하라고 하지 말고 선생님들도 변해야 한다고 말하는 거 있죠?"

그 말을 듣는 순간 나도 모르게 웃음이 나오고 말았다. 하지만 나는 상황 파악을 하고 바로 웃음을 거두었다. 제자에게 그런 말을 들은 순간 얼마나 황당하고 기가 막혔을까? 그렇다고 나를 원망하는 눈치는 아니었다. 나는 그것이 다행스럽다기보다는 오히려 미안한 마음이 들어서 조금은 과장된 목소리로 이렇게 말했다.

"이런 웃기는 녀석이 있나? 그 반 애들 내 수업 시간에도 무지하게 떠들어요. 요즘에야 조금 나아지긴 했는데 언제 그랬느냐는 듯이 또 떠들 녀석들이야. 지네들 잘못은 생각하지 않고 선생님께 잘하라니 참 웃기는 짜장들이네. 내가 알아듣게 얘기할 테니까 마음 풀어."

전에도 이런 일이 한두 차례 있었다. 그때마다 동료 교사와 학생들 사이에서 처신하기가 여간 어려운 것이 아니었다. 객관적으로 옳고 그름을 따져서 처리할 수 있는 일이 아니었던 것이다. 그날 청소 시간, 나는 교실에 있는 문제(?)의 아이를 밖으로 불러냈다.

"너 얼마 전에 교실에서 휘파람 불었을 때 말이야. 다행히도 그날 선생님 컨디션이 좋았기에 망정이지 그렇지 않았으면 나한테 혼났을 거야. 너 같으면 수업 시간에 휘파람을 분 학생을 가만두겠니? 야단을 치고 혼내는 것이 당연한 거지. 그것도 하나의 사랑의 방법이야. 이 선생님이 널 나쁘게 말한 건 아니야. 하지만 네 말 듣고 마음이 많이 상하신 모양이더라. 선생님들도 변해야 한다는 말 맞아. 하지만 난 너희가 먼저 변했으면 해. 학교에서 가장 중요한 사람은 바로 너희니까.”

아이는 내가 말을 하는 동안 황소처럼 눈만 껌벅껌벅할 뿐 아무런 대꾸가 없더니 어깨를 두드려 주며 그만 가 보라고 하자 정중하게 인사를 하고 돌아갔다.

다음 날 점심시간이었다. 식당에서 점심을 먹고 나오다가 우연히 이 선생과 나란히 걷게 되었는데 공교롭게도 운동장 쪽에서 걸어오던 그 아이와 마주쳤다. 아이는 인사도 없이 우리를 스쳐 지나갔다. 그가 우리를 못 본 것인지, 아니면 못 본 체한 것인지 나로서는 분간하기가 어려웠다. 잠시 후 이 선생과 이런 대화가 오고 갔다.

“보셨지요? 인사도 않고 가잖아요. 세워 놓고 야단을 치려다가 말았어요.”

“잘했어. 좋은 타이밍이 아니야. 그래 봐야 반감만 살 거야.”

“그래도 잘못한 것은 지적해 주어야 고치지 않겠어요?”

“당연하지. 그런데 말이야. 어떤 책에 보니까 가장 현명하지 못한 상사는 부하 직원이 잘못하고 있을 때를 기다렸다가 지적하는 사람이래. 반면에 가장 현명한 상사는 부하 직원이 잘할 수 있도록 미리 배려하거나 잘하고 있을 때 칭찬을 한다는 거야. 그런데 사람

  겨우 핀 아이들

의 마음이란 게 솔직히 미움이 생기면 그러고 싶지 않은 거지.”

“맞아요!”

그런 대화가 오고 간 뒤에도 우리는 봄 햇살이 따사로운 교정을 거닐면서 모처럼 많은 이야기를 나누었다. 아이들에게 잘해 주고 싶어도 여선생이라고 얕잡아 보는 아이들 때문에 처음부터 무섭게 대할 수밖에 없다는 얘기며, 그것이 옛날에는 통했는데 요즘 아이들에게는 통하지도 않아 어떻게 해야 할지 모르겠다는 얘기며, 갈수록 선생 노릇 하기가 어렵다는 속내를 털어놓는 이 선생의 말에 공감하면서도 나는 이런 얘기를 해 주지 않을 수 없었다.

“결국은 아이들의 진심에 호소하는 방법밖에는 없어. 정년퇴직할 때까지 그것을 깨닫지 못하고 학교를 떠나는 교사들도 많을 거야. 교사나 학생 모두에게 불행한 일이지. 아이들을 믿고 얘기를 나누다 보면 분명히 길이 보일 거야.”

그때 내 말에 수긍하는 듯 고개를 끄덕이는 이 선생을 보면서 나는 그녀에게 좋은 일이 생길 것 같은 예감을 하고 있었다. 아니나 다를까. 다음 날, 이 선생이 상기된 얼굴로 나를 찾아와 이렇게 말하는 것이었다.

“선생님, 아이들이 많이 변했어요!”

그 말을 듣고 우선 반가웠지만 정말인가 싶기도 했다. 교사의 태도가 바뀌면 아이들도 변하기 마련이지만 그런 진실한 소통이 쉬운 일이 아니기 때문이다. 그것도 단 하루 만에!

"그래? 아이들에게 어떻게 했는데?"

"제가 먼저 사과했어요. 수업 시간에 떠들어도 화내지 않겠다고 했고요."

"그런 말을 했단 말이야? 앞으로 어떻게 아이들을 감당하려고?"

"솔직히 겁도 나요. 그런데 아이들을 믿기로 했어요. 사실 아이들에게 사과할까 말까 많이 망설였어요. 제가 사과를 할 일인가 싶기도 했고요. 하지만 선생님 말씀을 믿고 한번 사과를 해 보자고 생각한 거예요. 그런데 아이들 눈빛이 금세 달라지는 거예요. 수업 시간에 떠들지도 않았고요. 그동안 제가 아이들을 너무 나쁘게만 본 것 같아요."

이 선생의 말을 듣는 동안 나는 숨을 고르고 있었다. 이런 경험들이 그녀를 교사로서 성장시켜 주리라는 기대와 기쁨 때문만은 아니었다. 나는 엉뚱하게 '만약 아이들이 또 떠든다면?' 이런 생각을 하고 있었다. 내 속내를 눈치챘는지 이 선생은 이렇게 말을 덧붙였다.

"앞으로는 수업 시간에 좀 떠들어도 선생님처럼 대화로 풀어 보려고 해요. 오늘처럼 잘 풀리지 않을 때도 있겠지만요."

   겨우 핀 아이들

우리말로 사색하는 아이들이 사라진다면?

책을 덮자

오늘은 영어 시간이지만

모국어를 배우자

아, 모국의 하늘을 바라보자

가을

영어로는 '폴'

혹은 '오텀'

어느 것도 가을스럽지 않구나

오늘은 모국어를 배우자

가을—

입안에 양칫물이 남아 있었니?

아니면, 꽈리를 깨물었니?

가을

가실

가슬

갈……갈바람

아이들아,

오늘은 모국어를 배우자.

졸시, 〈가을 수업〉

가을이 오면 나는 가을 수업을 한다. 책을 덮게 하고, 하얀 백지를 한 장씩 나누어 주면서 그 위에 무엇이든 적어 보라고 말한다. 가을 냄새가 물씬 풍기는 시를 한 편 써도 좋고, 아무에게도 말한 적 없는 가슴 아픈 이야기를 친구에게 편지를 쓰듯이 써도 좋다고 말해 준다. 올해도 가을 수업을 했다. 그러자 한 아이가 이렇게 묻는다.

"영어로 써요?"

"너 영어로 시 쓸 수 있어?"

　　　　　　　　　　　　　겨우 핀 아이들

“아니요!”

아이는 말도 안 된다는 표정이다. 나는 빙그레 웃으며 다시 이렇게 말했다.

“가슴 아픈 이야기를 영어로 쓰자면 팍팍 못 쓸 거 아니야. 오늘은 모국어로 써.”

“모국어가 뭔데요?”

“응, 우리말이 모국어야. 영어로는 ‘마더 텅’ 이라고 하지.”

그렇게 말해 준 뒤에 나는 칠판에 ‘mother tongue’ 이라는 우리말 ‘모국어’ 에 해당하는 영어의 철자를 써 주었다. 그것이 그날 영어 수업 시간에 배운 유일한 영어인 셈이다.

내가 한 해 동안 영어 교사로서 한 학급을 들락거리는 시간은 어림잡아 170시간. 그중 한 시간, 많아야 두세 시간을 영어 교사가 아닌 그냥 교사로, 혹은 우리말을 사랑하는 시인으로 아이들을 만나고 싶어 하는 것에 대하여 아직 시비를 거는 사람은 없다. 하지만 나 스스로 조심스러운 것이 사실이다. 그럼에도 굳이 귀중한 영어 시간을 축내어 가을 수업이라는 것을 하려는 이유는 무엇일까?

몇 해 전, 긴 방학이 끝나고 새 학기를 맞이한 첫 수업 시간이었다. 방학을 즐겁고 의미 있게 보낸 사람이 있으면 손을 들어 보라고 했더니 딱 한 아이가 손을 번쩍 들었다. 그 아이를 앞으로 불러내어 무슨 즐거운 일이 있었는지 말을 해 보라고 했더니 이런 식이었다.

“부산에 갔어요.”

“부산 어디?”

“해운대요.”

“누구랑 갔는데?”

“친구들이랑요.”

“친구 몇이서 갔는데?”

“네 명이요.”

“그럼 이렇게 얘기하면 되잖아. 저 방학 때 친구 네 명이랑 같이 부산 해운대에 놀러 갔는데요……. 자, 해운대에 놀러 가서 무슨 일이 있었어?”

“예? 그냥 놀았는데요.”

“뭐하고 놀았는데?”

“물놀이하고요.”

“그렇게 단답형으로 말하지 말고 좀 길게 말해 봐.”

그날 녀석은 끝내 급우들 앞에서 방학 동안에 있었던 일을 들려주는 일에 실패하고 제자리로 되돌아갔다. 말을 만들 줄 몰라 쩔쩔매며 난감해하던 그 아이의 표정이 지금도 눈에 선하다. 우리말조차 제대로 구사하지 못하는 아이들에게 영어를 가르치는 것이 과연 무슨 의미가 있을까?

수업하러 교실에 들어가 보면 이전 시간에 배운 내용들이 지워지지 않고 칠판에 그대로 남아 있는 경우가 종종 있다. 언젠가는 전 시간이 국어 수업이었는지 칠판에 '서정적 자아'란 글씨가 적혀 있었다.

칠판에 적힌 글씨를 보는 순간 나는 가슴이 뭉클해졌다. 그리고 갑자기 아이들이 달리 보이기 시작했다. 이전 수업 시간에 '서정적 자아'에 대해서 배운 아이들이 아닌가. 나는 한 아이를 붙잡고 흥분된 어조로 이렇게 물었다.

"너 전 시간에 서정적 자아에 대해서 배운 거야?"

"예?"

"서정적 자아 말이야. 선생님이 서정적 자아가 뭐라고 말씀하시던?"

"예. 그런 거 배운 적 없는데요?"

"무슨 소리야. 여기 칠판에 쓰여 있잖아. 서정적 자아라고. 기억해 봐. 선생님이 뭐라고 말씀하셨는지."

"……."

그 아이는 수업 시간에 딴짓을 한 것일까? 그렇게만 볼 일은 아닌 듯싶었다. 다른 아이들에게 물어봐도 대답할 생각은 안 하고 나를 멀뚱멀뚱 바라보기만 한 것을 보면.

나는 가끔 원어민에게 보여 주기 위해 자작시를 영어로 번역할 때가 있다. 그런데 그 작업이 만만치가 않다. 내 알량한 영어 실력 때문만은 아니다. 앞에서 소개한 〈가을 수업〉이란 시를 영역하다가 중도 포기를 한 것은 바로 다음 대목 때문이었다.

가을

가실

가슬

갈, 갈바람

가을의 방언인 '가실' 이나 '가슬' 을 무슨 수로 번역한단 말인가. 지방 방언 얘기가 나왔으니 말인데 누구 영어를 썩 잘하는 사람이 있으면 경상도 방언인 '너캉 나캉 살자' 라는 말을 한번 번역해 보시라. '너캉 나캉 살자' 는 '너랑 나랑 살자' 와 그 느낌과 맛이 사뭇 다르다. 하지만 영어로 번역해 놓으면 그 독특한 맛이 사라지고 만다. 아마도 그래서였을 테지만 어떤 인사는 우리나라가 노벨문학상 수상자를 내기 위해서는 애당초 영어로 번역할 수 있는 글을 써야 한다고 했다던가?

하긴 나도 가끔은 그런 생각에 빠질 때가 있다. 말하자면 영어를 살할 수밖에 없는 역사적 배경을 지닌 필리핀 사람들이 부러운 그런 심리 말이다. 그런가 하면 프랑스나 독일처럼 그들의 모국어가 확실히 알려진 나라가 아닌 덴마크 같은 나라 사람들은 영어를 사용하고 있을 것 같은 막연한 생각이 들면서, 그것이 그 나라 발전

     겨우 핀 아이들

을 위해서도 더 좋은 일일 거라는 생각이 들기도 하는 것이다.

그러다가 나는 화들짝 놀란다. 오직 한 가지 어족만 존재하는 바다를 상상해 보라. 그 물고기가 아무리 영양이 풍부하여 인류의 건강에 이바지하는 바가 크다고 해도 다양성이 사라진 획일화의 세계는 얼마나 끔찍한 악몽인가. 만약 우리말로 사색하는 아이들이 점점 사라지게 된다면 그것은 하나의 재앙일 것이다. 그 사실에 주목하는 사람이 갈수록 적어지고 있다는 것은 위험하고도 슬픈 일이다.

3부

수업하다가 세 번 울었습니다

체벌과 교육적 상상력

수업을 재미있게 해 볼 요량으로 그날 배울 새로운 영어 단어를 칠판에 적어 놓고 학생들과 스무고개 놀이를 할 때가 있다. 가령, 이런 식이다.

"선생님이 아주 좋아하는 말입니다."

"돈이요."

"선생님이 돈 좋아하는 건 맞는데, 아주는 아니야. 그리고 돈은 머니잖아."

"맞다. 그럼……."

"선생님이 여러분에게 매를 대지 않는 것도 이 단어와 관련이 있습니다."

"사랑이요."

"사랑은 러브잖아."

“아, 그렇지.”

“선생님처럼 시를 쓰는 사람에게는 이것이 꼭 필요합니다. 그리고 과학자들이 달나라를 정복하기 전에 시인들은 이것으로 달나라를 먼저 다녀왔지요.”

“알았어요. 상상력이요. 맞죠?”

“그래. 1점 플러스.”

아이는 수행평가에서 1점을 얻은 것이 무척 좋은 모양인지 금세 입이 귀에 걸린다. 그러다가 뭔가 생각나는 것이 있는 듯 눈의 초점이 모이더니 이렇게 묻는다.

“근데 선생님께서 저희에게 매를 대지 않는 것과 상상력이 무슨 관계가 있어요?”

“응. 그거?”

그렇지 않아도 그 말을 해 주려던 참이었는데 마침 좋은 기회다 싶어 아이들을 향해 이렇게 대답을 해 주었다.

“여러분이 말 안 들을 때 매를 대면 말을 잘 듣잖아요. 그러다가 또 말을 안 들으면 또 매를 대고. 그런 식으로 매가 만병통치약이 되면 선생님은 머리를 써야 할 일이 별로 없게 되잖아요. 교사로서 상상력을 발휘할 필요가 없다고나 할까, 기회가 없어진다고나 할까? 그러다 보면 언젠가는 상상력이 다 고갈될 테고요. 하지만 선생님은 매를 대지 않겠다고 여러분과 약속을 했으니까 매가 아닌 다른 방법을 고민할 수밖에요. 고민을 많이 하다 보면 선생님의 상상력도 그만큼 풍부해질 테지요.”

바로 그날이었다. 한참 뭔가를 열심히 설명하고 있는데 어디선가 잡담 소리가 들렸다. 내 수업 시간은 원래 좀 시끌벅적한 편이다. 하지만 수업 시간의 절반 이상이 수행평가와 관련된 재미있는 퀴즈 놀이거나, 모둠끼리 상의하여 주어진 문제를 푸는 그런 방식이어서 조금 떠들어도 수업 진행에는 그다지 큰 문제가 되지 않는다.

내가 학생들에게 정숙을 요구하는 시간은 길어야 15분이다. 학생들도 나와 약속한 그 시간만큼은 정신을 집중하고 수업에 임하려고 노력하는 편이다. 물론 학교에는 이런 최소한의 규칙조차도 아랑곳하지 않는 녀석들이 있기 마련이지만.

나는 잡담의 주인공들을 교실 앞으로 나오게 했다. 두 아이가 엉거주춤 일어나 나오려고 하자 다시 자리에 앉게 했다. 그리고 수업을 계속하다가 문득 아이들에게 이렇게 말했다.

“방금 선생님이 한 행동도 일종의 상상력의 산물입니다. 누구를 막론하고 인간에게는 인격이 있어요. 혼날 줄 알았다가 그냥 자리에 앉게 되면 뭔가 찔리는 구석이 있기 마련이지요. 봐요. 지금 두 친구 열심히 공부하잖아요. 만약 그렇지 않으면 사람도 아니게요.”

나는 두 아이를 쉽게 용납했지만 그들도 나에게 꼼짝없이 당한 꼴이 되고 말았다. 문제는 두 아이가 그런 일이 있고 나서 채 오 분이 지나지 않아 잡담하다가 걸려 또 자리에서 일어났다는 것인데, 그것도 큰 문제가 되지는 않았다. 자리에서 일어난 두 아이는 또 일어나자마자 자리에 앉게 되었으니까.

두 번씩이나 용서를 받았으니 세 번을 연거푸 떠들기는 좀 뭐할 테고, 그러다 보면 수업도 다 끝이 날 텐데, 정작 내 걱정은 다른 데 있었다. 용서를 해 주었는데도 떠들면 사람도 아니라고 말한 바로 그것 때문이었다. 사람이 아니면? 하긴, 사람이 되고 안 되고는 제 할 탓이지만 그래도 어딘지 마음이 개운치가 않았다. 그래서 나는 순간적으로 기지를 발휘해서 얼른 이렇게 말을 수정했다.

"사람도 아니고 천사지."

사실, 그 말은 청소 시간이면 으레 매점으로 향하는 얌체족들을 잡아다가 혼내 주면서 써먹은 말이기도 했다.

"야, 너희 정말 이럴 수 있어? 너희는 인간도 아니야……, 천사지!"

그때도 나도 모르게 튀어나온 말을 주워담을 수도 없어서 엉겁결에 꾀를 내어 뒷말을 덧붙인 것이었다. 하긴 다른 동무들은 열심히 청소를 하는 시간에 매점에서 편히 과자나 사 먹고 있었으니 인간답지 않다는 말을 들을 만도 하다. 하지만 교사의 거친 언사가 학생들의 행동을 변화시키는 것을 기대하기는 어려운 일. 그보다는 상상력을 발휘하여 국면 전환용 멘트를 사용한 것이다. 가끔은 이런 충격요법도 써먹을 만하다.

"청소 시간마다 도망가는 것은 사람을 죽이는 것보다 더 나쁜 짓
일 수도 있어."

"예? 말도 안 돼요!"

"너 청소 시간에 도망가면 네가 할 몫까지 누군가가 해야 하잖
아. 만약 열다섯 명이 맡은 구역에서 너희처럼 다 도망치고 두세
사람만 남아서 청소를 해야 한다면 얼마나 힘들겠어? 그걸 뻔히 알
면서도 매점에서 편하게 과자나 사 먹고 있다면 그런 이기적이고
나쁜 짓이 어디 있어? 물론 사람을 죽이는 것은 그것보다 더 나쁜
짓이지. 하지만 의도적으로 살인할 마음이 없었는데 어쩌다가 사
람을 죽일 수도 있어. 그것을 과실치사라고 하지. 운전자가 실수로
사람을 친 것도 바로 그런 거야. 내 말 무슨 뜻인지 알겠어?"

"예. 알 것 같아요. 죄송해요."

이런 경우, 고개를 끄덕이며 적극적으로 수긍하는 태도를 보이
는 아이들도 많다. 몰랐던 것을 알게 된 뒤에 일어나는 현상이다.
대개는 그렇다. 인간성에 문제가 있거나 근본이 나빠서가 아니라
몰라서 잘못을 저지르는 것이다. 배움의 과정에 있는 학생들은 당
연히 모르는 것이 많을 수밖에 없다. 따지고 보면 학생의 무지는
교사의 존재 이유이기도 하다. 그러니 매 순간 어떤 표정을 짓고
아이들을 만나야 할 것인지 생각해 볼 일이다.

이런 생각도 든다. 부드러움과 유머, 그리고 교육적 상상력의 발

휘는 교사의 개인적인 취향이나 성품이라기보다는 교사의 전문성
에 해당하는 영역이 아닐까 하는.

수업하다가 세 번 울었습니다

영어 듣기 평가가 있는 날은 학교가 좀 어수선하다. 시험이 끝나고 남은 자투리 시간에 수업 진도를 나가기도 애매하여 아예 교과서 대신 팝송 책을 가지고 교실에 들어갈 때가 많다. 그렇다고 팝송으로 수업하는 것이 생각처럼 즐거운 일만은 아니다. 과거와는 달리 시적이고 낭만적인 가사에도 눈을 반짝이거나 귀를 쫑긋하는 아이들은 찾아보기가 어렵다. 그날 우리가 배운 팝송은 아바의 〈I have a dream〉이었다.

나에게는 꿈이 있어요.

부를 노래도 있고요.

어떤 일이 닥쳐도 이겨 나갈 수 있도록 나를 도와주지요.

나는 칠판에 영어 가사의 앞부분을 먼저 적은 다음, 좀 떨어진 곳에 'cope with a difficulty(어려운 문제를 잘 처리하다)' 라는 문장을 따로 적어 무슨 뜻인지 설명해 주었다. 그리고는 아이들에게 이렇게 물었다.

"왜 꿈을 가지면 어려운 일도 잘 이겨 낼 수 있을까요? 꿈을 갖는 것과 어려운 일을 이겨 내는 것과 무슨 연관이 있을까요?"

아이들의 반응은 시큰둥했다. 교사에게는 이런 순간이 가장 괴롭다. 사탕 하나라도 내걸어야 눈이 빛나는 아이들에게 순수한 호기심을 요구하는 것은 교사의 욕심일 뿐이라는 사실을 인정해야 하는 순간 말이다. 요즘은 학생들에게 시 한 편을 끝까지 읽어 주는 것이 얼마나 고역스러운 일인지 모른다. 한번만 들어 달라고 사정을 하다시피 해서 시를 읽기 시작하면 불과 이삼 초가 못 되어 여기저기에서 떠드는 소리가 들린다.

학생들에게 유익한 교훈이 담긴 말을 해 주고 싶어도 들으려 하지 않는다. 들게 하려면 큰소리를 치거나 험악한 분위기를 연출해야 하는데 아름다운 시를 소개하거나 좋은 말을 해 줄 거면서 그럴 수도 없는 노릇이다. 그런 상황 속에서도 학생들을 포기할 생각이 없다 보니 가끔은 이런 엉뚱하고도 엄청난 일을 저지르기도 한다.

"이거 칼입니다. 보드 마커가 아니고 진짜 칼이란 말입니다. 이 칼이 어쩌다가 여러분 손에 들어왔습니다. 눈앞에는 정말 죽이고 싶도록 미운 사람이 있습니다. 나를 못살게 구는 불량배일 수도 있고 아버지의 사업을 망하게 한 깡패일 수도 있습니다. 그 사람은 술에 취해 길바닥에 쓰러져 있고 아무런 반항도 할 수 없는 그런 상황입니다. 물론 그 사람을 죽이고 나면 살인자로서 지명수배되고 감옥에 갈 수도 있겠지요. 하지만 나중 일은 어떻게 되더라도 지금 당장은 그 사람을 죽이고 싶습니다.”

시나리오에도 없던 말들이 내 입에서 쏟아져 나오자 흩어졌던 아이들의 눈길이 다시 모이기 시작했다. 초점 없이 허공을 맴돌던 아이들의 눈망울도 하나 둘 켜지고 있었다. 나는 침을 한번 꿀꺽 삼킨 뒤에 이렇게 다시 입을 열었다.

“만약 여러분에게 꿈이 없다면 그 사람을 죽일 가능성이 큽니다. 반대로 여러분에게 꿈이 있다면 그 순간의 위기를 잘 극복하고 살인자가 될 운명에서 여러분 자신을 구해 낼 가능성이 더 큽니다. 왜 그럴까요? 누구 한번 말해 보세요.”

무언가 감을 잡은 듯 몇몇 아이의 눈빛이 진지해지고 있었지만 막상 입을 열어 말을 하는 아이는 없었다. 나는 조금 더 기다려 주었다. 드디어 한 아이의 입이 실룩하는 것을 알아채고 말을 해 보라는 뜻으로 그 아이에게 눈길을 던졌다.

“그것은, 그러니까, 그 사람을 죽이고 나면 감옥에 가게 될 거고, 그러면 자신의 꿈도 이룰 수 없기 때문입니다.”

"그래, 바로 그거야. 맞았어. 그 사람을 죽이고 나면 자신의 꿈도 함께 산산조각이 나고 말겠지. 그러니까 무언가를 이루고 싶은 꿈이 있는 사람은 함부로 살인하지는 않겠지. 인생을 함부로 살지도 않을 거야. 그렇지? 그러니까 꿈을 가져야 해, 말아야 해?"

"가져야 합니다."

나는 아이의 말을 듣는 순간 칠판을 향해 잠시 몸을 돌려야 했다. 더할 수 없이 진지해진 그 아이의 눈빛에 그만 감격하여 나도 모르게 눈물이 솟구쳤기 때문이다. 그날 두 번째 눈물을 흘린 것은 그로부터 5분쯤 지난 뒤였다. 나는 아이들에게 다음과 같이 구체적인 꿈 이야기를 해 주고 있었다.

"오늘 우리가 팝송을 배우고 있는데 이 노래를 끝까지 잘 배우는 것도 여러분의 꿈을 이루는 한 가지 방법이에요. 왜 그럴까요? 한 번도 그래 본 적이 없었는데 처음으로 한 일이니까 우선 대단한 일이라고 할 수 있지요. 오늘 열심히 하면 내일도 열심히 하게 되거든요. 그러다 보면 학교생활도 즐거워지고 아침에 눈을 뜨면 행복한 기분이 들기도 하겠지요. 하지만 오늘 이 노래를 끝까지 배울 수 없다면 내일도 그럴 거고 모레도 그럴 거고 여러분은 여전히 행복과는 거리가 먼 사람이 되고 말지요. 그러니 지금 이 순간이 여러분의 꿈을 이루는 시간일 수도 있다는 선생님의 말이 맞아요, 틀려요?"

"맞습니다."

두 아이의 입에서 동시에 터져 나온 대답에 나는 다시 한번 눈시울이 뜨거워지고 말았다. 비록 기계적이고 단순한 대답이었다고 해도 그것은 갈참나무가 되기 위한 도토리의 꼼지락거림일 수도 있기에 나의 감격은 결코 감정의 과잉이 아니었다. 나는 이번에도 재빨리 칠판 쪽으로 몸을 돌려 눈물을 훔치고는 서둘러 나머지 가사를 읽고 해석해 주었다.

당신이 동화 속의 그 신비로움을 볼 수만 있다면

설혹 실패한다고 해도 당신은 미래를 지켜 나갈 수 있어요.

나는 천사를 믿어요.

눈에 보이는 모든 것에는 선한 것이 있음을

나는 천사를 믿어요.

때가 왔다는 것을 알게 되면

난 시내를 건널 거예요.

난 꿈을 가지고 있어요.

"동화 속의 신비로움을 본다는 것은 무슨 뜻일까요? 어제 영어 반장인 영아가 선생님께 꾸중을 들었는데 영어 반장이면서 며칠째 계속해서 수업 시간에 늦게 들어와서 혼난 것이지요. 그것은 고쳐야 할 나쁜 버릇이라 혼낸 건데, 선생님은 우리 영어 반장인 영아에게서 신비로움을 봤어요. 영어 반장도 제대로 못할 거면서 영어 반장을 하겠다고 저 혼자서 손을 번쩍 들었잖아요. 마치 동화 속의 주인공처럼 겁도 없이 말이에요. 그 열정만큼은 누구도 따를 사람이 없을 거예요. 영아가 아직은 고쳐야 할 것이 많지만, 설혹 실패한다고 해도 그 열정으로 자신의 미래를 헤쳐 나갈 수 있을 거라고 선생님은 믿고 싶어요.”

그날 영아는 수업 시간에 기가 팍 죽어 있다가 제 이야기인 줄 알고 귀를 쫑긋하더니 입이 귀에 걸리고 슬그머니 눈도 없어졌다. 사실은, 영아에게 처음으로 냉정하고 엄한 모습을 보인 것이 마음에 걸려 별 연관도 없는 애기를 갖다 둘러댄 것이었다. 그때까진 내 얼굴에 미소가 가득 퍼져 있었다.

내가 세 번째 눈물을 흘린 것은 ‘때가 왔다는 것을 알게 되면 난 시내를 건널 거예요’ 라는 대목을 설명하는 도중이었다. 세상을 살다 보면 이런 날도 있구나 싶을 정도로 초롱초롱하고 예쁜 아이들의 눈망울에 목을 적시며 이런 말을 던지던 바로 그 순간이었다.

“시내를 건넌다는 것은 새가 알을 깨고 창공을 향해 날아가듯이 나의 좁은 울타리를 넘어서 더 넓은 세상을 향해 나간다는 것을 뜻하지요. 이것은 일종의 도전이기도 해요. 그래서 꿈을 가진 사람만이 시내를 건널 수 있어요. 이룰 꿈이 없는데 뭐하러 힘들게 시내

를 건너겠어요? 여러분 축하해요. 오늘 이 노래를 끝까지 배웠잖아
요? 그것도 아주 진지하게. 여러분도 작은 시내를 하나 건넌 거예
요. 지금 여러분의 모습이 얼마나 아름다운지 아세요?"

20년 만에 돌아온 메아리

우주센터가 있는 고흥 나로도로 1박 2일 가을 여행을 다녀왔다. 정부가 교육복지투자우선사업의 일환으로 지원한 여행의 공식 명칭은 〈가족러브스토리〉였다. 바닷가에서 가족과 함께 하룻밤을 묵으면서 사랑의 역사를 써 보라는 애기일 텐데, 사정상 가족 대신 친구나 담임선생님과 함께 참여한 학생들도 있었다.

오후 3시경 학교에서 출발하여 고흥 나로도로 향하면서 우주선 발사가 성공했더라면 얼마나 좋았을까? 그런 생각을 문득 했다. 하지만 다음 날 돌아오는 길엔 내 생각이 사뭇 달라져 있었다. 내 생각이 바뀐 것은 졸업한 지 약 20년 만에 웃음치료사가 되어 돌아온 한 제자 덕분이었다.

김두수(40, 한국웃음치료교육원장). 그는 내 첫배 새끼이다. 그가 내 제자였을 때는 나도 한창 젊었던 시절이라 오랜 세월이 지난 지금 첫 담임을 맡은 그들을 어떻게 지도했고, 그들에게 무슨 얘기를 들려주었는지 기억이 가물가물하다. 그러니 나 대신 그 기억을 간직하고 있는 제자들이 있다는 것이 얼마나 다행스럽고 행복한 일인가. 지난여름 학교로 찾아와 내 손을 덥석 잡고 그가 들려준 말이다.

"선생님께서 수업 시간에 팝송을 많이 가르쳐 주셨잖아요. 사이먼 앤 가펑클의 〈험한 세상의 다리가 되어〉를 배울 때였는데 선생님께서 저희에게 이런 말씀을 해 주셨어요. '앞으로 너희가 어떤 인생을 살든 그것은 너희의 몫이지만 인생을 살면서 단 한 번만이라도 누군가에게 험한 세상의 다리가 되어 주었으면 좋겠다' 기억나세요?"

기억이 나지 않았다. 그런데 놀랍게도 그는 그 말에 힘을 얻어서 새로운 삶을 살게 되었다고 했다. 한때는 사업이 번창하여 꽤 많은 돈을 만지기도 했지만, IMF 구제금융 이후 회사를 처분하고 노숙자 신세가 되어 희망 없는 하루하루를 보내고 있다가 문득 그 말이 떠올랐다고 했다. 그날 웃음치료 강사로 초대된 그가 사랑하는 후배들에게 들려준 말이다.

"사업에 실패하니까 정말 죽고 싶다는 생각밖에는 들지 않았는데 이 세상에 와서 누군가에게 단 한 번도 험한 세상의 다리가 되어 주지 못하고 죽는다는 것이 그렇게 아쉽고 억울할 수가 없었어요. 오래전에 우리 담임선생님이 해 주신 그 말씀. 그 희망의 불씨가 없었다면 저는 지금 이 자리에 서 있지 못했을 겁니다."

나도 한 사람의 청중이 되어 첫배 새끼였던 제자의 강의를 듣는 그 심경을 어찌 말로 다 표현할 수 있을까? 그의 강의를 듣다가 어쩔 수 없이 눈앞이 흐려지고 말았는데, 잠시 후 흐려진 시야 속으로 한 남학생이 들어왔다. 오래전 제자와 지금의 제자가 주고받는 대화가 자못 흥미로웠다.

"자, 크게 한번 웃어 봐."

"전 본래 안 웃습니다."

"나도 그랬어. 난 나 자신이 너무 창피했거든. 실업계를 나온 것도 창피했고, 우리 집이 가난한 것도 창피했고. 그런데 지금은 아니야. 난 고졸 출신이지만 대학에 가서 강의할 때도 있어. 거기 가면 늘 자랑스럽게 말해. 내 최종 학력이 고등학교라고 말이지. 난 내 가슴에서 창피함을 몰아내고 그 자리에 꿈을 심은 거야. 이 험한 세상에서 누군가의 다리가 되어 주자고 말이지. 그래서 웃음 치료사가 된 거야. 지금은 얼마나 행복한지 몰라."

'한강에 돌 던지기' 라는 말이 있다. 한강에 돌을 던지면 아무 흔적도 없이 그냥 가라앉고 말 것이다. 그걸 뻔히 알면서도 돌을 던지는 것은 그래도 포기할 수 없는 그 무엇이 마음에 작용하는 탓이다. 나는 학생들에게 한강에 돌을 던지는 심정으로 말을 해 줄 때가 많다. 예정된 실패를 무릅쓰고 말을 던지면 역시 예상대로 돌아오지 않는 메아리가 되기 일쑤다. 하지만 그 메아리가 20년 만에 돌아올 수도 있다.

그날 나는 프로그램 기획과 진행을 맡았다. 문학과 점점 더 거리가 멀어져 가는 영상 시대의 아이들에게 오행시나 패러디, 혹은 시 이어 쓰기를 시키는 것은 무엇인가 포기할 수 없는 그 무엇 때문이다. 그날 입선한 학생들의 작품이다.

오행시(나로도 여행)

나로도에 왔습니다.

로켓 나로호를 2번이나 발사한 곳입니다.

도중에 2번 실패한 곳이기도 하죠.

여전히 포기하지 않고 다시 발사 준비를 하는 연구원들

행운을 빌어요! 파이팅!

패러디(서시)

죽는 날까지 하늘을 우러러

한 개비의 담배도 피우지 않기를

호기심 이는 제안에도

나는 거절했다.

금연을 노래하는 마음으로

모든 담배를 부러뜨려 버려야지.

그리고 나에게 주어진 은단을 먹어야겠다.

오늘 밤에도 2,500원을 저금했다.

시 이어 쓰기(시나브로)

목마름이 없는 아이들

억지로 물 먹이는 일도 지겨워

수업하다 말고

하릴없이 창밖을 내다보는데

한 아이가 뜬금없이 내게 묻는다.

"선생님, 인생은 한 방입니까?"

아무 문맥도 없이 날아온 질문이

조금은 귀찮기도 하고

조금은 재밌기도 해서

아이의 손을 잡고 창가로 가

이렇게 되물었다.

(인생을 다 살아 보지도 않고

그런 소리 하면 못써!)

괄호 안의 시구는 시를 이어서 써 보라고 여백으로 남겨 둔 부분
에 한 아이가 채워 넣은 것이다. 원래는 이런 내용이었다.

"저기 저 나뭇잎들이 한 방에 물이 들더냐?

시나브로 물이 들더냐?"

졸업한 지 20년 만에 웃음치료사가 돼 나타난 멋진 제자도 인생을
한 방으로 이긴 것은 아니었다. 역경과 실패를 발판 삼아 시나브로
오늘의 성공에 이른 제자에게 존경과 사랑의 박수를 보내 주고 싶다.

마음 예쁜 아이 편애 문제없을까?

수업을 마치고 나오는 길에 복도에서 세 명의 여학생을 만났다. 낯이 익지 않은 아이들이었다. 그중 한 아이가 나에게 먼저 말을 건넸는데 자꾸만 말끝을 웃음으로 흐리는 바람에 무슨 말인지 통 알아들을 수가 없었다. 그것은 두 아이도 마찬가지였다. 나는 빙그레 웃으며 몇 번인가 되물었지만 끝내 의사소통은 되지 않았다. 아이들은 내게 조금 미안했는지 정색을 하며 묵례를 했다. 그런데 두어 발짝 발을 떼기가 무섭게 웃음을 터뜨리며 또 한 번 자지러졌다. 마치 웃음 바이러스에 걸린 아이들 같았다.

세 아이에게는 공통점이 있었다. 얼굴이 예쁘지 않다는 것. 못난이 삼총사라고 하면 딱 좋을 만큼 세 아이 모두 얼굴이 밉상이었다. 게다가 나에게 말을 건네 놓고 저희끼리만 아는 비밀이 있는지 웃겨 죽겠다고 깔깔거리고 있었으니, 그 모습이 내 눈에 예뻐 보일

까닭이 없었다. 하지만 나는 화를 내거나 짜증스런 표정을 짓기는 커녕 여유 있게 웃음까지 보여 주며 편하게 말을 할 수 있도록 기다려 주기까지 했다. 내가 생각해도 완벽한 매너였다.

그런데 이상한 일이었다. 오후 내내 복도에서 만난 세 아이의 모습이 머리에서 떠나지 않았다. 무슨 죄라도 지은 것처럼 마음이 불편했다. 나는 그 아이들에게 무슨 잘못을 한 것일까? 한 가지 마음에 걸리는 것이 있긴 했다. 세 아이의 얼굴이 예쁘지 않다는 사실을 마음속으로 인식한 것. 그렇다고 그것을 내색한 것은 아니었으니 아이들은 그런 사실조차 알지 못할 것이다. 그렇다면 아이들에게 어떤 피해를 준 것도 아닌데 그런 마음의 자연스러운 작용까지 죄라고 할 수 있을까?

모든 사람이 아니라고 해도 나 자신만은 부인할 수 없는 점이 있었다. 세 아이 얼굴이 못생겼다는 사실이 나에게 어떤 정서적인 작용을 한 점이었다. 나는 빙그레 웃으며 참을성 있게 아이들의 이야기를 들어주었지만 그 순간이 썩 즐겁지는 않았던 것이다. 물론 교사라고 아이들 앞에서 늘 즐거워야 할 의무는 없다. 문제는 즐겁지 않은 그 이유였다. 복도에서 만난 세 아이가 귀엽고 예쁜 아이들이었다고 해도 내가 즐겁지 않았을까?

사실 나는 제자들의 외모에 대해서 섬세하고 예민한 촉수를 가지고 있지 않다. 얼굴이 조금 예쁜 아이와 조금 밉상인 아이가 내

     수업하다가 세 번 울었습니다

눈에는 거의 차이가 없다. 처음부터 그랬던 것은 아니다. 출석을 부를 때마다 아이들과 일일이 눈을 맞추고 이름을 불러 주면서부터 생긴 일이다. 아이들은 내게 외모나 어떤 조건보다 하나의 동일한 생명으로 다가오기 시작한 것이다. 편애해서는 안 되는 교사로서 그것은 참으로 반가운 일이 아닐 수 없었다.

부끄러운 고백이지만, 나는 한때 편애가 심한 교사였다. 그렇다고 얼굴이 예쁜 아이만 좋아했다는 말은 아니다. 그보다는 마음 씀씀이가 곱고 지적 호기심이 많은 아이가 내가 편애하는 주 대상이었다. 하긴 누군들 인간미 넘치고 탐구심 있는 아이들을 좋아하지 않을까? 하지만 좋아하는 것과 편애하는 것은 엄연히 다르다. 누군가를 편애한다는 말은 누군가를 소외시키고 있다는 말과 다르지 않기 때문이다.

내가 얼굴이 예쁜 아이를 편애하지 않고 마음이 예쁜 아이를 편애했다는 점에서 사람들의 비난을 면할 수 있을까? 세상 상식 속에서는 그럴 가능성이 크다. 하지만 상식과 진실은 다르다. 상식의 세계에서는 아무런 문제가 되지 않는 것들이 진실의 세계에서는 엄연한 죄가 되기도 한다. 언젠가 평소 친하게 지내는 후배 교사와 이런 대화를 나눈 적이 있다.

"자넨 왜 그렇게 그 아이를 미워하나?"

"그 애는 정말 인간성에 문제가 있는 아이예요."

　　　　　마음 예쁜 아이 편애 문제없을까?

"자네는 얼굴이 예쁘지 않다고 학생을 미워해 본 적 있나?"

"그럼 선생도 아니지요."

"그러면 인간성이 나쁜 아이들은 미워해도 된다는 말인가?"

"당연하죠. 미움을 받지 않으려면 인간성을 고치든가 해야지요."

"얼굴이 예쁘지 않은 것과 인간성이 나쁜 것과 어느 편이 그 아이에게 더 불행할까?"

"그야 인간성이 나쁜 것이 불행하지요."

"그럼 자넨 더 불행한 아이를 미워하는 셈이 아닌가?"

"예?!"

후배 교사는 잠시 할 말을 잃은 듯 멍하니 나를 바라보았다. 그러더니 조금은 억울한 표정을 지으며 이렇게 다시 말을 이었다.

"우리 반에 그 애보다 가정환경이 더 나쁜 아이들도 많아요."

"가정환경도 좋은데 인간성이 나쁘다면 그 아이 자체가 문제가 있다는 말이겠구먼."

"맞아요. 그 아이는 본래가 인간성이 나쁜 애라고요."

"본래가 인간성이 나쁜 아이라면 그런 유전적 인자를 가지고 태어났다는 말인데, 그것이 그 아이의 잘못인가?"

"예?!"

그때 후배 교사가 지어 보였던 표정을 나는 잊을 수가 없다. 고맙게도 그는 나와 나눈 몇 마디의 대화로 상식의 세계에서 진실의 세계로 발을 옮겨 온 것이었다. 언젠가 이런 대화의 내용을 나를 초청해 준 전교조 소속 새내기 교사들 앞에서 털어놓은 적이 있었다. 강의가 끝나고 질의응답 시간이 되자 한 여교사가 내게 이런 질문을 던졌다.

"교사도 사람인데 정말 미움이 가는 아이가 있으면 어떡하죠?"

"그럼 미워하세요. 그리고 후회하세요."

그 말에 장내는 한바탕 웃음바다가 되었다. 잠시 후 나는 강의를 이렇게 갈무리했다.

"미운 짓을 한 아이를 미워하는 것은 때로는 좋은 자극이 될 수도 있겠지요. 하지만 미움으로 아이를 근본적으로 변화시킬 수는 없지요. 그래서 후회하라는 말씀을 드린 건데 그렇다고 너무 자책하지는 마세요. 다만, 이 세상에 미워해야 할 아이는 하나도 없다는 사실을 절대로 잊지 말았으면 합니다."

나도 그날 복도에서의 일을 오후 내내 후회하고 반성했지만 나 자신을 심하게 책망하지는 않았다. 아이들을 차별하지 않고 사랑하는 것은 귀한 일이지만, 그런 공의의 사랑은 사실 인간으로서는 흉내 내기조차 어려운 신의 사랑이 아닌가. 그러니 연습이 필요한 것은 당연하다.

사랑의 인내가 버거우면 한 호흡의 여유로

학교에는 다양한 아이들이 있다. 눈을 마주 보고 있으면 그 환한 천진함 속에 풍덩 빠지고 싶은 아이가 있는가 하면, 삶의 어떤 과정에서 저리도 뒤틀어졌을까 싶은 아이도 있다. 그 두 양극 사이에 귀엽지만 버릇이 없는 아이들, 마음 씀씀이는 고운데 감정의 기복이 심한 아이들, 별일도 아닌데 쉽게 마음을 다치는 아이들도 있다.

그들을 한순간의 감동이나 뭉클한 사랑의 장면만으로 바로잡아줄 수 없는 것은 당연하다. 엉킨 실타래를 풀기 위해서는 잘못 감긴 그만큼의 시간이 역으로 필요하기 때문이다. 그러니 교사에게 가장 필요한 덕목이 인내심이라고 할 만도 하다. 사랑의 인내는 아름답지만 무겁다. 그렇다면 인내를 여유라는 말로 바꿔 쓰면 어떨까? 그렇다. 사랑의 인내가 버거우면 한 호흡의 여유를 가지고 아이들을 만날 일이다.

개학 후 첫 교시, 수업이 시작된 지가 한참인데 은주가 교실을 돌아다니고 있었다. 일일이 눈을 맞추며 출석을 부를 때는 조금 떠들거나 돌아다녀도 크게 나무라지 않지만 일단 수업이 시작되면 마냥 자유롭게 놓아둘 수는 없는 노릇이다.

"은주, 자리에 안 앉을 거야?"

"잠깐만요."

그런데 잠깐이 아니다. 아이는 교실 뒤편에 있는 거울을 한참이나 들여다보다가 제자리로 돌아오는 듯하더니 다시 발걸음을 돌려 교실 맨 뒤에 앉은 한 아이에게 말을 건네고 있다. 잠시 후 자리로 돌아와 앉은 아이를 조용히 불러냈다.

"은주, 앞으로 나와 봐."

"싫어요."

"네가 잘못해서 나오라는데 싫다니?"

"선생님, 저 그런 거 정말 싫어해요."

이쯤 되면 나는 말문이 막힌다. 그때가 위기의 순간이기도 하다. 나는 한 호흡을 쉬었다가 다시 아이에게 이렇게 말을 건넸다.

"너 언젠가 선생님한테 좋은 말로 하지 왜 화를 내느냐고 따진 적 있지? 지금 좋은 말로 하고 있으니까 어서 나와."

"선생님, 그냥 수업 받을게요."

얼굴 표정을 보아하니 반항하는 것 같지는 않다. 한번만 봐 달라는 눈치도 보인다. 수업도 해야 하니 이쯤에서 은근슬쩍 넘어가 줄까?

"좋아. 그럼 그냥 자리에 앉아서 지금부터 하는 얘기를 잘 들어."

사실, 은주를 앞으로 나오라고 한 것은 수업을 시작하기 전에 아이들에게 해 주고 싶은 말이 있어서였다. 그것이 마침 은주와 관련된 이야기여서 앞으로 나오라고 한 것이었다. 물론 수업 시간에 돌아다니지 않도록 지적을 해 줄 생각도 있었지만.

"여러분, 언젠가 선생님이 교탁에 출석부를 내리친 일 기억 날 거예요. 그날도 누군가 선생님의 화를 돋게 해서 그랬던 것 같은데 방학하기 전에 받은 쪽지에다 은주가 이런 말을 썼어요. 다시는 교탁에 출석부를 내리치는 그런 짓을 하지 말라고요. 그것은 교사로서 부끄러운 행동이 아니냐고요. 이번 방학 때 지리산을 세 번 갔다 왔는데 산에 오를 때마다 그 쪽지가 생각났어요. 조금 억울한 생각이 들어서 그랬을 거예요. 여러분도 인정할 거예요. 여러분이 선생님을 아무리 힘들게 하고 속상하게 해도 단 한 번도 여러분에게 욕하거나 때리거나 미워한 적 없다는 거. 그런데 몇 차례 출석부를 교탁에 내리친 것을 가지고……."

그랬다. 백무동에서 출발하여 장터목에서 하룻밤을 자고 새벽같이 일어나 천왕봉에 올라 일출을 기다리는 그 순간에도 나는 언뜻언뜻 아이들 생각을 하고 있었다. 화엄사 계곡을 끼고 노고단에 올라 구름 낀 하늘의 꽃밭에 핀 야생화를 바라보면서도 나는 아이들을 떠올렸다. 그것은 내게 즐거운 일만은 아니었다.

방학 선언식을 하던 날, 나는 여자 반 아이들이 방학 계획서와 함께 전해 준 쪽지를 읽으면서 내가 아이들에게 화를 자주 낸다는 사실을 알게 되었다. 솔직히 나는 그것을 인정하고 싶지 않았다. 아니, 백번 양보해서 그 사실을 인정한다고 해도 할 말이 없지 않았다. 아이들의 인격에 호소할 수밖에 없는 힘없는 교사로서 화를 내거나 교탁에 출석부를 내리친 것은 어쩌면 고양이에게 쫓긴 생쥐의 눈물겨운 자기 방어일 수도 있었다는 식으로 말이다.

하지만 산에서 얻은 대답은 그와는 정반대의 것이었다. 이제 아이들에게 그 이야기를 할 차례였다.

"산을 내려오면서 저는 결심을 했어요. 다시는 교탁에 출석부를 내리치지 말자고요. 생각해 보니 은주 말이 옳았어요. 그것은 교사다운 행동이 아니었어요. 물론 여러분의 잘못도 있어요. 하지만 그것은 여러분이 반성해야 할 몫이고 선생님은 선생님의 잘못을 반성하고 싶었어요. 앞으로는 절대로 교탁에 출석부를 내리치는 일은 없을 거예요. 은주가 앞으로 나오면 이런 이야기를 하려고 했는데 나오지 않겠다고 고집을 부리는 바람에 분위기가 이상하게 돌아갈 뻔했지만 이번에도 선생님이 노력해서 교실 분위기를 바꿔놓았어요. 앞으로는 여러분이 노력했으면 좋겠어요. 교실의 주인은 바로 여러분이니까요. 알았지요?"

“예, 선생님. 잘 알았어요.”

뜻밖에도 은주의 목소리가 귀에 들렸다. 눈을 돌려 보니 의자에 앉아 있는 모습도 평소와는 달리 퍽 단정해 보였다. 그런 것을 보면 은주는 가끔 엉뚱하고 버릇없는 행동을 하긴 해도 마음이 착하고 나름대로 분별력이 있는 아이임이 분명하다. 만약 그것이 아니라면, 내가 한 호흡의 여유를 가지고 어렵사리 진실을 말해 주고 있는 동안 제 나름대로 한 호흡의 성장을 하고 있었는지도 모를 일이다. 그런 작은 변화에 대하여 예민한 촉수를 가질 의무가 있는 사람이 바로 교사가 아닐까.

 수업하다가 세 번 울었습니다

"맞아요, 전 나쁜 아이예요!"

수업을 하려고 보니 교실 바닥에 휴지가 여러 장 떨어져 있었다. 나는 주번을 불러 청소를 시킬까 하다가 우연히 눈이 마주친 소라에게 다가가 세상에서 가장 환한 미소를 지어 보이며 이렇게 말했다.

"바닥에 휴지가 많이 떨어졌네? 오늘은 우리 소라가 착한 일 한 번 해 볼래?"

"싫은데요."

웃는 낯에 침 못 뱉는다고 했던가? 하지만 아이에게 그런 속담의 보편성은 통하지 않았다. 나는 무안하고 황당했지만 그렇다고 화가 치민 것은 아니었다. 그것은 아마도 그 상황의 연극적인 분위기 때문이었으리라. 연극이 아니고서야 어떻게 교사와 학생 사이에 그런 대사가 오갈 수 있었겠는가. 우리의 연극 대사는 또 이렇게 이어졌다.

“그래? 그럼 내가 줍지 뭐.”

“그러세요.”

다행히도(?) 아이는 내가 허리를 굽혀 휴지를 줍자 조금은 미안했는지 ‘에이 농담이었어요!’ 하는 표정을 내게 지어 보였다. 하지만 교실 바닥에 떨어진 휴지를 모두 주어 휴지통에 버리고 돌아올 때까지 아이는 미동도 없었다. 나는 교탁으로 다시 돌아와 아이에게 이렇게 말했다.

“오늘 너하고 나하고 주고받은 말은 무슨 영화에나 나올 만한 대사였어. 제목은 ‘나쁜 아이’ 시리즈 정도가 되겠지. 물론 넌 농담으로 한 말이었겠지만.”

정말 농담이었을까? 그럴 수도 있고 아닐 수도 있다. 하지만 나는 그럴 수 있는 쪽으로 가닥을 잡았다. 아니라면 면죄부를 준 셈 치면 될 일이다. 그런데 돌은 다른 곳에서 날아왔다.

“선생님, 재 농담 아니었어요. 본래 애가 좀 그래요.”

“야, 너 정말 너무한 거 아니냐? 어떻게 선생님한테 그럴 수가 있어?”

“맞아, 넌 정말 나빠. 선생님 다리도 불편하신데.”

다리가 불편한 것은 얼마 전에 산에서 내려오다가 발을 삐었기 때문이다. 그로 인해 병원 치료를 받고 2주째 석고붕대를 하고 있었던 것이다. 나는 내 다리를 염려해 준 아이가 눈물겹도록 고마웠지만,

그 말이 나를 생각해서 한 말인지, 아니면 친구를 비난하기 위해서 한 말인지는 알 수가 없었다. 아마도 나를 생각해서 그랬겠지만.

수업이 끝나고 청소 시간이 되었다. 본관 건물 뒤편에서 남자 반 아이들과 청소를 하고 있는데 나와 연극대사를 주고받았던 그 아이가 동무와 함께 나를 찾아왔다.

"선생님, 아까는 제가 말을 잘못했어요."

"그래! 고맙구나. 앞으로는 농담이라도 그렇게 말하면 안 돼. 알았지?"

"예. 선생님, 제가 생각해도 너무 잘못했어요. 죄송해요, 선생님."

"그렇게 생각하면 된 거야. 고맙다. 잘 가라."

내색은 안 했지만 나도 모르게 눈물샘이 터졌던지 깍듯이 인사를 하고 사라진 아이의 뒷모습이 흐려 보였다.

다음 날 수업 시간, 여느 때처럼 일일이 이름을 부르며 눈을 맞추는데 그 아이가 유난히 빛나는 눈으로 나를 바라보고 있었다. 그 눈길을 받으면서 나는 어제 아이를 심하게 나무라지 않기를 잘했다는 생각이 들었다. 만약 어제 우리가 이런 대화를 주고받았다면 어떻게 되었을까?

"바닥에 휴지가 많이 떨어졌네? 오늘은 우리 소라가 착한 일 한 번 해 볼래?"

"싫은데요."

"그래? 그럼 내가 줍지 뭐."

"그러세요."

"뭐야? 너 금방 뭐라고 했어? 세상에 어떻게 선생님께 그런 말을 할 수가 있어? 널 그렇게 보지 않았는데 너 정말 나쁜 아이구나."

"그래요, 저 나쁜 아이예요. 그걸 이제 아셨어요?"

"뭐? 너 정말 인간성에 문제가 있구나. 다른 것은 용서해도 인간성이 나쁜 것은 용서가 안 돼."

"그럼 용서하지 마세요."

장면은 교실에서 교무실로 바뀐다. 얼굴이 붉으락푸르락 교무실로 들어온 교사는 자리에 앉자마자 길게 한숨을 내쉰다.

"휴, 원 세상에 기가 막혀서."

"무슨 일이 있었어요?"

"와, 정말 교직에 들어온 것이 이렇게 후회가 될 수가 없네요."

"무슨 일이 있었는데 그러세요."

"수업하려고 보니까 바닥이 너무 더러운 거예요. 그래서……"

"와, 걔 정말 인간성에 문제가 있네요."

이런 상상은 우울하지만 흔히 있을 수 있는 일이다. 아니, 십중팔구는 이런 불행한 상황으로 정리될 가능성이 크다. 그렇다면 누구에게 잘못이 있는 것일까? 이 문제를 네티즌 토론방에 올려놓으면 교사와 학생 사이에 열띤 논쟁이 벌어질 것 같다. 물론 팔은 안으로 굽기 마련이다. 하지만 팔이 가끔은 바깥으로 굽을 줄도 알아야 생산적인 논쟁이 될 수 있다.

앞에서 가정해 본 교사와 학생 사이의 불행한 대화는 서로의 피상적인 소통 관계에서 문제의 원인을 찾을 수 있다. 어떤 조건과 환경에서도 아이들과 소통하려는 마음을 놓지 않는다면 문제는 생각보다 쉽게 해결될 수 있다. '나쁜 아이' 시리즈에나 나올 법한 아이가 청소 시간에 나를 찾아와 깎듯이 사과를 하고 돌아간 것처럼 말이다.

그 다음 날 오후, 교무실에서는 한바탕 폭소가 터졌다. 자초지종은 이랬다. 전날 내 이야기를 전해 들은 한 후배 교사가 교실에 들어가 아이들에게 이렇게 물어보았다고 한다.

"평소 교실에 떨어진 휴지를 줍는 학생은 손을 들어 보세요."

그때 한 아이가 모기만한 소리로 "저요" 하고 대답을 했을 뿐, 다른 아이들은 묵묵부답이었는데, 그다음이 압권이었다. 후배 교사의 말이 이랬다.

"그런데 두 아이가 갑자기 자리에서 벌떡 일어나는 거예요. 그러더니 빗자루를 들고 교실을 쓰는 거 있죠. 이 녀석들이 제 말을 청소하라는 말로 잘못 들은 거예요. 저도 수업 시간에 교실이 지저분하면 청소부터 시키는데 꼭 큰소리가 나고서야 자리에서 일어나곤 했거든요. 그런데 오늘은 아주 조용한 소리로 묻기만 했는데 애들

   "맞아요. 전 나쁜 아이예요!"

이 알아서 그러는 거예요."

후배 교사는 그것이 정말 신기한 듯 동그란 눈을 여러 번 깜빡거렸다. 나는 오랜만에 기분 좋게 웃어 젖히다가 이렇게 말했다.

"앞으로도 그런 우회전술을 쓰면 되겠네요."

"선생님, 제발 저를 사랑하지 말아 주세요!"

몸이 아프거나 남학생에게는 없는 일을 치르느라 허리가 반쯤 접혀서 교무실을 찾아오는 여자아이들이 종종 있다. 그런 경우는 꾀병인지 아닌지 옥석을 가려서 조치를 해 주면 되지만, 문제는 이런 아이들이다.

"선생님, 저 조퇴 좀 시켜 주세요."

"왜 어디가 아파?"

"솔직히 말해요?"

"당연하지. 그럼 거짓말하려고 했어?"

"그냥 학교에 있기 싫어요."

이런 경우는 일단 심호흡부터 해 둘 필요가 있다. 그게 말이 되는 소리냐고, 버럭 화부터 내 버리면 다음부터는 담임에게 솔직한 속내를 털어놓지도 않을 뿐더러, 그동안 잘 다져 놓은 아이들과의 인간관계가 깨질 염려도 있기 때문이다.

"왜 무슨 일이 있었어?"

"아니요."

"아닌데 왜?"

"그냥 학교에 있기 싫어요."

"왜 싫은데?"

"그냥요."

여기까지는 탐색전이다. 별로 뜻 없는 말을 던지긴 했지만 그 사이 아이의 표정을 읽을 수가 있다. 한 가지 꼭 염두에 두어야 할 것은 조퇴를 청하러 온 아이와 대화를 나누는 것도 엄연한 교육 행위라는 사실이다. 그것을 귀찮아하거나 짜증을 내 버리면 그만큼 아이에게 다가갈 좋은 기회를 잃게 된다.

"선생님, 오늘 딱 하루만 조퇴시켜 주세요."

"그럼 내일부터 잘하겠다?"

"예. 정말 잘할 수 있어요."

"음(고개를 가로젓는다)."

"(간절한 어조로) 선생님, 정말 약속할게요."

"좋아. 대신 5교시까지는 버텨 봐."

일단 조퇴를 해 준다고 허락을 한 셈이니 지금 당장 해 달라고 막무가내로 나오기는 어렵다. 결국은 5교시까지 버티는 쪽으로 마음을 돌리기 마련이다. 이런 경우, 대개는 5교시까지 참았던 것이 억울해서라도 계속 학교에 눌러 있든지, 친구들과 깔깔대며 다니다가 조퇴를 허락받으러 간 사실조차 잊어버리기도 한다.

말도 안 되는(교사가 봤을 때) 이유로 조퇴를 청하러 온 아이들을 야단을 치거나 일방적으로 설득하여 돌려보내지 않고 이런 조건을 내거는 것은 어떤 경우라도 대화의 창을 열어 놓기 위해서다. 대화를 통해 아이들의 생각을 키워 줄 수 있기에 학교에서 일어나는 일상적인 일들을 대화의 기회로 삼으려는 것이다.

어느 날 조퇴를 청하러 왔다가 뜻을 이루지 못하고 돌아간 아이와 나눈 대화이다.

"선생님 그런데요, 한 가지 궁금한 것이 있어요."

"뭔데?"

"제가 조퇴를 해 달라고 하면 그냥 해 주면 되잖아요."

"그게 무슨 말이야?"

"그러니까요, 조퇴해 주고 출석부에 조퇴했다고 표시를 하고, 무단 결과를 하면 무단 결과했다고 하면 되잖아요."

"조퇴나 결과에 대한 책임을 네가 지는데 왜 못하게 하느냐 이거냐?"

"제 말이 바로 그 말이라니까요."

아이의 표정을 보니 조퇴를 하고 싶어서 안달하던 조금 전의 모습과는 사뭇 다르다. 눈에 호기심이 잔뜩 묻어 있는 것이 정말 궁금해서 물어보는 것이 분명했다. 가만 생각해 보니 그 아이의 말이 전혀 엉뚱하거나 틀린 말도 아니다. 이제 곧 발을 들이게 될 대학, 아니 사회는 그런 일종의 자율 규칙이 적용되는 곳이지 않은가.

"그래, 너다운 말이다. 사실은 나도 그러고 싶어. 모든 행동을 자신이 책임지는 거지."

"맞아요. 제 인생 제가 책임지겠다는데 왜 못 하게 하느냔 말예요."

"그런데 말이야. 너 학교에 있기 싫을 때마다 누구의 간섭도 받지 않고 나갈 수가 있다면 한 달이면 몇 번이나 밖에 나가려고 할까? 열 번, 아니 스무 번, 아마 거의 매일일지도 모르지?"

"솔직히 그럴 것 같아요."

"그럼 공부는 다 한 거네. 그리고 말이야. 만약 선생님 허락도 없이 학교를 나가 버렸다고 해 봐. 그런데도 다음 날 선생님이 널 보고 아무 말도 않는 거야. 그러면 좀 이상하지 않겠니? 너한테 관심이 없는 담임이 아니라면 말이야. 어때?"

"그래요. 이상할 것 같아요."

"바로 그거야. 너 무슨 잘못을 저지르거나 하면 네 이웃집 아줌마가 너에게 화내던? 아니잖아. 네 엄마가 화를 내시는 거지. 왜 그런다고 생각해?"

"절 사랑하시니까요."

   수업하다가 세 번 울었습니다

"그래. 나도 널 사랑해. 그래서 네 마음대로 하게 내버려둘 순 없는 거야. 널 사랑하니까."

"그럼, 선생님! 제발 저를 사랑하지 말아 주세요!"

"뭐? 너 정말이지?"

"대신, 저 조퇴해 달라고 할 때만요."

"뭐야? 이런 똥강아지."

나는 그날 대화를 이렇게 갈무리했다.

"오늘 네가 했던 말 선생님은 좋게 생각했어. 그만큼 너 자신의 행동에 책임을 지겠다는 말이니까. 어쩌면 넌 대학생 수준의 사고를 하고 있는지도 모르지. 하지만 아직은 일러. 네가 고등학생이라서 이르다는 말만은 아니야. 또 다른 진짜 이유를 누구보다도 너 자신이 더 잘 알 거야. 이제 아무 생각 말고 중간고사 열심히 준비해. 학생이 공부에 관심을 잃게 되면 학교가 싫어질 수밖에 없는 거야. 밖에서 아무리 재미있는 일이 있어도 하루 7시간은 학교에 있어야 하잖아."

그 말을 듣는 아이의 표정은 내 말의 의미를 알겠다는 진지함 반, 다시는 조퇴를 할 수 없게 되었다는 실망감 반이었다. 문득 그런 반반씩 섞인 미완성 상태가 아이들의 참모습일 수도 있다는 생각이 들기도 했다. 아이들에게 완전한 자유를 줄 수는 없지만 소통의 창마저 닫아 버린다면 얼마나 답답해할까 하는 생각도 해 보면

서 말이다. 생일을 맞은 아이들에게 전해 주는 축하 시도 아이들과
의 소통을 위한 하나의 대화인 셈이다.

작은 징검다리가 되었으면

지금은 새벽 4시, 잠에서 깨어나자마자

너에게 편지가 왔을까 궁금했는데

'사랑하는 선생님께……' 라는

반가운 글씨가 눈을 즐겁게 하는구나.

대학에도 가고 싶고, 취업도 하고 싶고

돈도 디따 많이 벌고 싶고

미용도 배우고 싶고, 춤도 배우고 싶고

그러나 아직 무엇을 해야 할지 모르겠고……

이것이 우리 수미의 현주소구나.

그런데 넌 알고 있을까?

대학에 가든, 돈을 디따 많이 벌든

무엇이든 한순간에 이룰 수는 없다는 거

무엇이든 아픔과 고통이 뒤따른다는 거

그것을 즐길 줄 알아야 한다는 거

수미야,

너의 열일곱과 열여덟의 사이가

깊고 푸른 강 하나를 건너듯

그렇게 큰 걸음이었으면 좋겠다.

강을 건너와서는

후회 없이 살아온 지난 시간을

너의 그 환한 미소로

예쁘게 환송할 수 있었으면 좋겠다.

아, 그때 나는 네가 발 딛고 건너는

작은 징검다리였으면 좋겠다.

왜 축구를 못하는 상구에게 공을 패스했을까?

상구는 운동과는 거리가 먼 아이다. 학급에서 축구를 가장 못하는 축에 든다. 공이 굴러 오면 당황하여 헛발질을 하거나 어물어물하다가 상대방 선수에게 공을 빼앗기기 일쑤다. 그래도 상구는 축구가 재미있다. "상구야, 상구야!" 하고 자신의 이름을 부르며 공을 패스해 주는 친구들이 많아졌기 때문이다.

상구가 가장 바쁜 곳은 바로 골문 앞이다. 모든 길이 로마로 통하듯 모든 공이 상구에게 굴러 온다. 골키퍼가 없는 완전한 찬스에서도 상구에게 공을 패스해 주는 경우도 있다. 그것도 상구와는 비교할 수 없을 만큼 슈팅력이 좋은 아이가 말이다. 그 아이는 왜 직접 골을 넣지 않고 상구에게 그 기회를 양보한 것일까?

상구는 '짱'도 아니고 '일진'도 아니다. 그러기는커녕 학급에서 거의 존재감이 없는 아이다. 존재감이 없다는 것! 그것은 누군가

(혹은 자기 자신)로부터 소외되고 있다는 말이기도 하다. 상구는 학급 단합 대회 때도 학급 아이들로부터 늘 소외되어 있었다. 운동에 소질이 없을 뿐더러 성격마저 소극적인 탓이었다. 어느 날 그 모습이 담임인 박춘애 교사(광주 운리중)의 눈에 들어오면서 모든 것이 달라지기 시작한다.

"단합 대회 때 남학생들은 축구를 많이 해요. 그러다 보면 운동에 소질이 없는 아이들은 늘 뒷전으로 밀리기 마련이지요. 학급 단합 대회인데 소외되는 아이들이 있어서는 안 되겠다 싶었어요. 그래서 축구를 못하는 아이가 골을 넣으면 3점을 주자고 한 거예요. 한 골만 넣어도 3점이 되니까 그 아이가 골을 넣도록 도와주는 아이들이 많이 생기겠지요."

물론 그런 차별(?) 대우를 상구만 받은 것은 아니다. 상구와 수준이 엇비슷한 다른 한 아이도 상구와 같은 조건으로 선발되어 상대 팀에서 뛰었다. 그 아이도 상구처럼 친구들의 도움으로 생애 첫 골을 터뜨렸고, 그 짜릿한 순간을 경험한 뒤로는 축구를 좋아하게 되었다고 한다. 약자를 배려하는 교사의 아름다운 상상력이 빚어 낸 결과였다.

박춘애 교사를 만난 곳은 담양에 있는 전남교육연수원이었다. 강사와 수강생으로 만난 '중등 학급 운영 직무 연수' 자리에서 박 교사가 다룬 주제는 '스스로 더불어 살아가는 교실 만들기' 였다.

     왜 축구를 못하는 상구에게 공을 패스했을까?

'스스로 더불어' 라는 글자에 건성으로 눈이 갔다가 다시금 눈길이 돌아가 멎었다.

"아이들은 스스로 하고 있는가?"

"아이들은 더불어 하고 있는가?"

우리 교육에서 이보다 더 중요한 질문은 없을 성싶어서였다. 박 교사가 담임교사로서 고민하고 있는 문제도 '자치(스스로)와 관계 맺음(더불어)' 에 관한 것이다. 학급 운영은 무엇을 지향해야 할까? 학급 안에 자치를 어떻게 실현할까? 어떻게 하면 아이들이 공동의 선을 추구하며 당당하게 자기 삶을 살아 낼 수 있을까?

그런 고민의 산물로 탄생한 것이 이른바 '두레 활동' 이다. '두레' 란 농민들이 농번기에 농사일을 공동으로 하기 위하여 마을 단위로 만든 조직을 말한다. 박 교사가 오늘날 우리의 교육 현실 속에서 '자치와 공존' 의 의미가 깃들어 있는 '두레' 라는 단어를 떠올린 것은 당연한 일로 여겨진다.

박 교사는 두레 구성원의 석차 합산이 엇비슷하게 두레를 짠다. 그리고 시험을 볼 때마다 석차 합산이 줄어드는 두레에 상을 준다. 진수는 자기 두레에서 가장 공부를 못한다. 전교 석차가 거의 바닥 수준이다. 그래도 진수가 같은 두레에 속한 것을 꺼리거나 싫어하는 아이는 없다. 오히려 그 반대인 경우가 더 많다.

진수네 두레에는 전교 석차가 2등인 아이가 있다. 그는 다음 시험에서 전교 1등이 되었지만 두레 석차를 1점 줄이는데 그쳤다. 하지만 진수는 415등에서 370등을 하여 두레 석차를 45점이나 줄여놓았다. 본래 상위 그룹에서 석차를 올리기는 어려워도 하위 그룹에서 석차를 올리는 것은 마음먹기에 따라 그리 어려운 일이 아닐 수 있다. 그러니 진수와 같은 두레가 되길 바랄 만도 하지 않은가.

더 중요한 것은 진수의 석차를 올리기 위해 성적이 우수한 아이들이 적극적으로 도움을 주었다는 사실이다. 평소 공부에 취미가 없었던 진수도 친구들의 성화에 못 이겨 방과 후에 학교에 남아 한 번도 해 본 적 없는 시험공부라는 것을 하게 되었으니 상상만 해도 얼마나 아름다운 풍경인가!

도움을 준 아이들도 자신을 위해 퍽 유익한 경험이었다. 생각해 보라. 누군가에게 도움을 줄 수 있다는 것, 자신의 작은 도움으로 누군가를 기쁘게 해 줄 수 있다는 것. 그리하여 함께 더불어 보람을 나눌 수 있다는 것. 세상을 살아가는 데 이보다 더 소중한 경험이 어디 있겠는가.

박 교사는 아이들의 생활에 관여하는 능력을 교사의 전문성이라고 말한다. 그리고 교사에게는 무엇보다도 '교육얼'이 있어야 한다고 강조한다. 박 교사는 교실에 들어갈 때마다 환히 웃으면서 들어가려고 '의도적'으로 노력한다고 했다. 그 덕분에 아이들이 내린

교사 평가에서 "늘 짜증을 내신다"가 "늘 환한 표정을 지으신다"로
바뀌었다.

"교사 생활을 게으르게 하지는 않았어요. 하지만 그동안의 노력
이 혹시 아이들을 위한 것이 아니라 나 자신의 욕심에서 비롯된 것
이 아닌가 하는 반성을 하게 되었어요. 그래도 50%는 아이들을 위
해서 했겠지요?"

겸양의 말일 수도 있고 사실일 수도 있다. 하지만 누군들 자기
욕심으로 아이들을 만나지 않겠는가. 문제는 그런 못남과 부족함
에 대한 자각일 터이다. 닷새 동안 연수를 받으면서 줄곧 머리를
스친 것도 바로 그런 자각에 관한 것이었다.

입시 교육의 폐해가 갈수록 심화되고 있는데 그 심각성을 자각
하는 사람들의 수가 갈수록 줄어들고 있다는 것. 그런 영혼 없는
교육을 하고 있으면서도 교사로서 아무런 문제의식을 느끼지 못한
다는 것.

그렇다고 절망할 일은 아니다. 먼저 깨달은 사람이 먼저 실천하
면 될 일이다. 박 교사의 아름다운 실천과 용기에 힘찬 박수를 보
내고 싶은 것도 바로 그런 까닭에서다.

"선생님, 부진아 수업 꼭 받아야 해요?"

토요일 마지막 수업 시간이었다. 교실에 들어가 아이들과 인사를 나누고 일일이 눈을 맞추며 출석을 부르는데 한 아이의 표정이 시무룩해 보였다. 이름을 부르면 나와 눈을 맞추며 영어 문장을 하나씩 말해야 하는데, 아이는 눈길도 주지 않은 채 "Yes, sir"라고만 짧게 대답을 할 뿐이었다.

평소 같으면 샛별 같은 눈을 반짝이며 "I love you!" 하고 나를 행복하게 해 주었을 아이가 시무룩하다 못해 슬픈 표정을 짓고 앉아 있으니 참 딱한 노릇이었다. 나는 아이에게 다가가 이렇게 물었다.

"Are you sick?(어디 아프니?)"

아이는 영어를 알아들었는지, 아니면 못 알아들었는지 그 말에 대꾸할 생각도 하지 않고 나를 바라보더니 불쑥 이렇게 묻는 것이었다.

“선생님, 부진아 수업 꼭 받아야 해요?”

“당연히 받아야지. 그런데 그것 때문에 기분이 안 좋은 거야?”

“창피하잖아요.”

“뭐가 창피해. 너희 영어 실력이 다 거기서 거긴데 뭐. 그리고 이 번 기회에 열심히 기초를 다지면 다른 친구들보다 더 실력이 나아 질 수도 있어.”

아이는 내 말에 수긍하는 것인지, 아니면 다른 생각을 하는 것인 지 잠깐 말이 없더니 또 내게 이렇게 물었다.

“남학생들하고 같이 받아요?”

“그렇겠지. 반이 하나뿐이니까.”

“그럼 저 받을래요.”

“뭐? 아까는 창피하다더니 남학생하고 같이 한다니까 받겠다고?”

나는 아이의 말이 얼른 이해가 되지 않았다. 거기에다 녀석의 표 정이 더욱 나를 아리송하게 만들었다. 시무룩했던 표정은 이미 온 데간데없고 아이의 얼굴에서는 웃음기마저 감돌고 있었던 것이다.

“남학생들하고 공부하면 더 창피하지 않아?”

“누가 공부 못하는 것을 창피하게 생각한다고 했어요?”

“그럼?”

“부진아라는 말이 창피하잖아요.”

아이들과 대화를 하다 보면 그들의 생각이 나와 비슷하려니 지

    수업하다가 세 번 울었습니다

레짐작했다가 그것이 아닌 것을 알고 당황할 때가 종종 있다. 그럴 경우, 처음에는 아이들의 생각이 짧거나 좀 엉뚱하다는 쪽으로 정리되다가, 차츰 내가 미처 아이들의 심리나 진실을 파악하지 못한 것으로 결론이 날 때가 많다.

공부를 못하는 것은 창피하지 않지만 부진아라는 말은 창피하다? 얼른 들으면 아이의 모순적인 생각이 드러나는 것 같기도 하다. 공부를 못하는 학생이 곧 부진아가 아닌가. 그런데 아이는 공부를 못한다는 본질보다는 그것을 지칭하는 언어(현상)에 더 마음을 쓰고 있는 셈이다. 게다가 남학생들하고 같이 공부한다니 금세 화색이 돌다니?

하지만 달리 생각해 볼 수도 있다. 세상에는 공부를 잘하는 아이도 있고 못하는 아이도 있다. 다른 것 다 제쳐 놓고 오로지 성적으로만 한 줄 세우기를 좋아하는 나라에서는 학생의 절반 이상이 공부를 못하는 아이가 될 수밖에 없다. 그 절반 이상의 아이들이 다 창피한 아이들인가? 그들 자신도 공부를 못하는 것을 창피하게 여겨야 하는가? 아이는 바로 그것을 항변하고 있었는지도 모른다.

아이는 공부를 못하는 것은 창피하지 않다고 했다. 따라서 남학생들하고 같이 특별 보충 수업을 받는 것을 창피하게 여기기는커녕 금세 화색이 돌 정도로 좋아했다. 그것은 아이가 건강하다는 징조일 수도 있다. 비록 공부는 못하지만 그로 인해 자신의 삶 전체를 부끄러워하지 않는 당당함도 그렇거니와, 한참 호기심이 많은 사춘기 소녀가 남학생에게 관심을 갖는 것도 그러하다. 또 다른 아이가 물었다.

"부진아 보충수업 언제까지 해요?"

"부진아? 우리 그런 말 쓰지 말자."

"그럼 뭐라고 해요?"

"그냥 보충수업이라고 하면 되잖아?"

"그럼 보충수업 언제까지 해요?"

나는 아이의 까만 눈을 바라보며 이렇게 대답했다.

"네가 보고 싶을 때까지."

나도 모르게 나온 말이었지만 아이는 그 말이 듣기 싫지는 않았는지 이마까지 환해지며 까르르 웃었다. 대신 옆에 있던 한 아이가 이렇게 푸념을 늘어놓았다.

"야, 그럼 한도 끝도 없겠다."

한도 끝도 없으니 일찍 마음을 잡고 공부나 열심히 하자는 것인지, 아이들은 더는 군소리가 없었다. 신기할 정도였다.

사실 학교에 '부진아 수업'은 없다. 기초가 부족한 아이들을 위한 특별 보충수업이 있을 뿐이다. 영어나 수학 기초가 다소 부족한 아이들을 일컬어 부진아라는 말을 사용하는 것은 일종의 언어폭력일 수 있다. 하긴 특별 보충수업이란 말도 듣기에 따라서는 기분이 나

뺄 수도 있다. '특별'이란 말이 역으로 낙인효과를 불러올 수도 있기 때문이다. 나는 그 점을 염두에 두고 아이들에게 이렇게 말했다.

"영어 특별 보충수업은 너희를 학교에서 특별히 신경을 쓰고 공부를 시키려는 거야. 기초가 부족한 상태 그대로 방치하면 계속해서 실력이 떨어지니까 기초를 잡아 주려는 거지. 그래서 돈도 국가에서 내는 거야. 너희 잘못이 아니니까. 참 이번 영어 특별반 보충수업은 내가 맡을 거야. 영어 기초도 잡아 주지만 너희가 좋아하는 팝송도 배울 거야."

그때였다. 창가에 앉은 한 아이가 번쩍 손을 들더니 큰 소리로 이렇게 묻는 것이었다.

"선생님, 저도 부진아 수업 받으면 안 돼요?"

가만 보니 손을 든 아이가 그 아이뿐이 아니었다. 그애 말고도 너덧 명의 아이들이 손을 흔들어 대고 소리를 지르고 난리였다. 나는 잠깐 교실이 조용해지기를 기다렸다가 이렇게 말했다.

"허허, 부진아 수업이 아니라 특별 보충수업이래도 그러네. 그리고 너희는 미안하지만 자격 미달이야. 다음 기회에 오세요."

교정에 떨어진 나뭇잎, 낙엽일까 쓰레기일까?

학교 정문 앞에 떨어져 있는 나뭇잎들은 낙엽일까, 아니면 쓰레기일까? 그것이 나에게 중요한 이유는 내가 시인이라서? 아니다. 내가 정문 앞 청소 담당이기 때문이다. 다만, 이 문제를 혼자서만 고민하는 것이 왠지 아쉬운 생각이 들어 아이들에게 질문을 던진 것은 내가 시 나부랭이를 쓰는 사람이라는 사실과 무관하지 않을 듯싶다.

"정문 앞에 떨어져 있는 나뭇잎들이 낙엽일까요, 쓰레기일까요?"

"쓰레기입니다."

말이 떨어지기가 무섭게 대답이 합창처럼 울려 퍼진다. 무슨 질문을 던지면 딴짓을 하거나 엉뚱한 대답을 하기 일쑤인 아이들이 어쩐 일로 이번에는 하나같이 입을 모아 우렁차게 대답했다. 하지만 마음에 드는 답이 아니다. 나는 적이 실망을 하고 이렇게 다시 묻는다.

"그럼 학교 교정에 떨어진 나뭇잎은 낙엽일까요, 쓰레기일까요?"

"쓰레기입니다."

아이들은 여전히 망설임이 없었다. 하긴 같은 질문에서 정문을 교정으로 바꾼 것뿐이니 같은 대답이 나오는 것도 무리는 아니다. 그래도 혹시 아이들이 정문 앞을 통과할 때와 학교 교정을 거닐 때와는 어떤 정서적인 차이가 있지 않을까 싶었던 것이다. 나는 잠시 시들해졌다가 뭔가 머리에 번쩍 떠오르는 것이 있어 다시금 이렇게 질문을 던졌다.

"그럼 학교 뒷산에 떨어진 나뭇잎은 낙엽일까요, 쓰레기일까요?"

"낙엽입니다."

"오, 그렇지. 그것은 낙엽이지. 헌데 학교 운동장에 떨어진 나뭇잎과 산에 떨어진 낙엽과 무슨 차이가 있지?"

"산에 떨어진 것은 치우지 않고 그냥 놔두잖아요."

그럼 정문이나 운동장에 떨어진 것도 그냥 놔두면 되지 않느냐고, 하마터면 나는 그렇게 말할 뻔했다. 다행히도 그 말은 입안에서만 맴돌다가 사그라졌다. 만약 아이들이 내 말을 듣고 청소를 하지 않는 사태가 벌어진다면, 그 뒷감당을 할 자신이 없었던 것이다. 그렇다면 정문이나 교정에 떨어진 나뭇잎은 정녕 낙엽이 될 수 없을까?

학교가 산기슭에 자리한 까닭에 아이들은 아침마다 턱까지 차오르는 숨을 고르며 오르막을 오르는 수고를 해야 한다. 그 산비탈에 심어진 십여 그루의 벚나무가 봄이면 분홍빛 속살이 보일 듯 말 듯한 하얀 꽃잎을 하르르 떨어뜨리고, 가을이면 바람결에 하염없이 나뭇잎을 떨어뜨리는 그 지점이 바로 내가 맡은 청소 구역이다.

바람이 심하게 부는 날은 청소하고 올라가다가 뒤를 돌아보면 어느새 낙엽이 수북이 쌓여 있다. 애써 청소를 한 아이들의 처지에서는 힘이 팽길 만도 하다. 나는 아이들을 위로한답시고 이렇게 말을 해 줬다.

"금방 떨어진 것들은 쓰레기가 아니라 낙엽이야. 저 나뭇잎들도 하루라도 낙엽으로 살다가 쓰레기가 되든지 해야지 너무 야박하잖아. 너희도 내일 등교할 때 저 낙엽을 밟고 가면 바스락 소리도 나고 해서 좋겠고……."

몇 해 전의 일이다. 청소 시간에 한 아이가 은행나무를 발로 마구 차는 것이 내 눈에 들어왔다. 놀랄 일은 아니었다. 해마다 그 무렵이면 학교 교정에 유일하게 서 있는 은행나무가 아이들에게 수난을 받곤 했으니까 말이다.

나무에 달려 있거나 땅에 떨어져 한껏 가을 분위기를 자아내던 노란 은행잎들이 운동장 청소를 하는 아이들에게는 매일같이 쓰레기를 만들어 내는 한낱 귀찮은 존재에 불과했던 것이다. 내가 다가

   수업하다가 세 번 울었습니다

가는 것도 모르고 발로 나무를 열심히 차고 있는 아이에게 말을 걸었다.

"때가 되면 다 떨어질 텐데 왜 발로 차는 거야?"

"짜증 나잖아요."

"짜증 내지 말고 감상을 해 봐. 이 노란 은행잎이 얼마나 예쁘니?"

"그래도 귀찮잖아요."

나는 잠시 할 말을 잃고 말았다. 그렇다고 아이들의 마음이 이해되지 않는 것은 아니었다. 어차피 땅에 떨어질 신세라면 하루아침에 한꺼번에 다 떨어져 주는 것이 청소하는 아이들로서는 고마운 일일 수도 있으리라.

나를 우울하게 한 것은 아이들의 무딘 색채 감각과 관련이 있었다. 나는 황금빛으로 물든 은행나무 앞에서 자신도 모르게 이런 말을 읊조리며 황홀하고 행복한 순간을 맞이하는 아이들이 있어 주었으면 했던 것이다.

'아, 저 노란빛이 어디에서 왔을까? 그리고 저 하늘, 저 하늘의 쪽빛은?'

사람들은 시는 시인이 쓰고, 그림은 화가가 그려야 하는 것으로 착각하는 경향이 있다. 가령, 가을 교정에 뚝뚝 떨어지는 노란 은행잎을 보고 그런 낭만적인 생각을 할 수 있는 사람은 꼭 시인이거나 화가여야 한다는 생각 말이다. 국민 대다수가 학교에서 십 년

넘게 배운 시와 노래와 그림이 소수의 예술가를 위한 것만은 아닐 텐데도 말이다.

그 무렵, 나는 낙엽이 뒹구는 교정을 천천히, 아주 천천히 걸어 다녔다. 그러다가 눈에 띄는 낙엽이 있으면 허리를 숙이고 줍곤 했다. 재수가 좋은 날은 낙엽 대신 한 편의 시를 줍기도 했다.

허리를 숙이고 낙엽을 줍는다

허리를 숙일 때의 천천한 동작을 즐긴다

땅이 가까이 다가오는 것을 보는 것도 좋다

작은 것들이 커 보인다

겨울을 나려는 듯, 함께 먼 길을 가는

땅에 사는 작은 생명들

허리를 숙이고 낙엽을 줍다 보면

그들에게 경의를 표하는 것 같다

자연히 낙엽 줍는 손길도 늦어진다

성급히 쓸다 보면 쓰레기가 되는 것들이

허리 숙여 천천히 주우면 낙엽이 된다

졸시, 〈낙엽 줍기〉

학교 정문 앞에 떨어져 있는 나뭇잎들은 낙엽일까, 아니면 쓰레기일까? 그것이 나에게 중요한 이유는 내가 학교에서 아이들을 가르치는 교사이기 때문이다. 학교에서는 '성급히 쓸다 보면 쓰레기가 되는 것들이, 허리 숙여 천천히 주우면 낙엽이 되는' 아름다운 일들이 일어나기도 한다. 불행하게도 그 반대의 경우가 더 많지만 말이다.

나는 네게 틈새가 되고 싶다

때로는 '안준철'보다 '안준칠'이 좋다

이태 전에 졸업한 세 명의 제자가 학교를 방문했다. 나를 보자마자 자기 이름을 말해 보라고 난리였다. 담임을 맡았던 것도 아니어서 이름이 가물가물하다가 드디어 생각이 났다.

"너는 김너희, 너는 박구리, 그리고 너는…… 그래그래 박벌!"

이름이 김너희, 박구리, 박벌이라. 조금 이상하지 않은가? 사실은 김나희, 박규리, 박별이 그들의 본래 이름이다. 거기에서 점 하나를 빼거나 바꾸거나 한 것인데 그래도 녀석들은 맞다고 손뼉을 치며 박장대소한다. 어찌 된 영문일까?

이야기는 몇 해 전으로 거슬러 올라간다. 점심을 먹고 난 뒤의 나른한 5교시 수업 시간이었다. 나는 교실에 들어가자마자 칠판에 큼지막한 글씨로 내 이름 석 자를 이렇게 적었다.

'안 준 칠'

물론 내 이름은 '안준칠'이 아니라 안준철이다. 그런데 '철'이라는 글씨에서 점 하나를 빼 버리니까 안준칠이 된 것이다. 이름을 아주 바꾼 것도 아니고 '철' 자 하나에서 그것도 점 하나를 뺐을 뿐인데도 그 분위기가 사뭇 다른지 눈꺼풀에 납덩이를 매단 듯 잔뜩 졸린 눈으로 나를 바라보던 아이들의 눈이 조금씩 커지면서 입도 함께 찢어지기 시작했다.

"안준칠. 하하하, 정말 웃긴다. 선생님이 꼭 띨띨이 같아요."

아이들이 교실이 떠나갈 듯 웃어젖히기 시작하자 나는 신이 났다. 하지만 짐짓 모른 채 시치미를 뚝 떼고 이렇게 딴전을 부렸다.

"저는 제 이름을 지어 주신 부모님께 얼마나 감사한지 모릅니다. 선생님 이름을 정말 안준칠이라고 지어 주셨다면 어찌할 뻔했습니까? 여러분에게 아무리 진지한 표정으로 얘기해도 이름이 안준칠이니 웃지 않고 배기겠어요? 정말 제 이름이 안준칠이 아닌 것이 얼마나 다행인지 모르겠어요."

그 말이 또 뭐가 그리 우스운지 아이들은 난리가 났다. 가만 보니 잠은 십 리나 멀리 도망을 간 듯싶었다. 하지만 그날 웃음 소동은 그것으로 끝나지 않았다. 아이들의 이름을 불러 줄 차례가 되었기 때문이다.

나는 여느 때처럼 출석부를 들고 아이들의 눈을 들여다보며 일일이 이름을 불렀다. 강수정을 강수종으로, 공다래를 공달래로, 김

     때로는 '안준철' 보다 '안준칠' 이 좋다

나희를 김너희로, 나솔지를 나솔자로, 박규리를 박구리로 평소 부르던 이름을 조금 바꾸어 불렀을 뿐인데 더 이상 웃기면 죽고 말겠다는 듯 절박한(?) 표정을 지으며 손을 내젓는 아이도 있었다.

그렇다고 한번 뺀 칼을 다시 집어넣을 내가 아니지. 별이란 예쁜 외자 이름을 가진 아이의 차례가 돌아오자 나는 큰 소리로 이렇게 외쳤다.

"박벌!"

화룡점정畵龍點睛이란 말이 있다. 너무 유명한 말이니 설명은 생략하겠다. 그날 안준철이 안준칠이 되듯 박별이 박벌이 되면서 그때까지도 게슴츠레한 눈으로 어찌 된 판 속인지 상황 파악을 하고 있던 마지막 한 아이까지도 그만 웃음의 마술에 걸리고 말았다. 정말 교실에서 진을 치고 있던 잠이라는 이름의 용 한 마리가 승천을 해 버린 기분이 들 정도였다. 그 이상의 애기는 생략하는 것이 좋겠다. 다만, 그날 우리는 한 명도 조는 사람 없이 진도도 제대로 나가며 즐겁고 행복하게 수업을 잘 마쳤다는 애기는 꼭 해야겠다.

요즘도 나의 최대 관심사는 학생들을 웃기는 일이다. 유머 감각이 뛰어나지 않아도 학생들을 웃기는 일이 그리 어렵기만 한 것은 아니다. 안준철이 안준칠이 되어 주면 된다. 애들 말을 빌리자면 '띨띨이'가 되는 것이다. 그러다 보면 전통적인 교사상에서 벗어나 체면을 손상하는 일이 생기기도 하겠지만, 학생들이 웃을 수만 있다면 행복할 수만 있다면 그까짓 체면이 뭐 그리 대수일까 싶다. 아무리 철없는 아이들이라도 자기를 행복하게 해 주려는 교사에게 막된 행동을 하지는 않을 것이 아닌가. 물론 교사의 이런 깊은 속내를 헤아리지 못하는 이른바 개념 없는 녀석들도 있기 마련이지만.

그런 아이들도 교무실로 데려와 싹수가 있네 없네 하고 큰소리로 야단을 칠 일은 아니다. 너무 원론적인 얘기 같지만 어떤 상황에서도 교사는 학생의 인격을 존중해 주어야 한다. 교사도 감정을 가진 사람인데 어떻게 그럴 수 있느냐고 항변을 한다면 나는 조금 언성을 높여서 이렇게 말해 주고 싶다.

"그것이 가장 쉬운 방법이라니까요!"

얼마 전에도 바로 그런 일이 있었다. 평소 나와 참 친하게 지내던 학생들이었는데 요즘 들어 부쩍 수업 태도가 나빠져서 급기야 나에게 혼쭐이 나고 말았다. 두 아이가 마침 쉬는 시간에 담임을 뵈러 왔는지 교무실에 얼굴을 들이밀었다. 나는 두 아이를 불러 이렇게 말했다.

"요즘 너희 선생님하고 사이가 별로 안 좋지? 그것이 선생님 잘못이야, 아니면 너희 잘못이야? 만약 선생님 잘못이라면 고칠게. 그래야 너희하고 예전처럼 친하게 지낼 수 있으니까. 난 그러고 싶으니까. 정말이야 내가 고칠 테니까 말해 봐. 선생님 잘못이야 너희 잘못이야?"

두 아이 중 한 아이는 고개를 푹 숙인 채로 죄인처럼 서 있고 다른 한 아이는 뭔가 할 말이 있는 듯 눈에 잠시 힘이 들어갔다가 다시 원상태로 돌아왔다. 그리고는 이렇게 말했다.

"저희 잘못이에요."

"선생님 잘못은 없어?"

"예."

"그러지 말고 말해 봐. 뭘 잘못했는지 알아야 고칠 것 아니야?"

"아니에요."

"정말 아니야?"

"예."

"그럼 너희가 고치면 되겠네?"

"예. 죄송해요."

"그래. 고맙구나. 어서 가 봐. 수업에 늦을라."

"안녕히 계세요."

참 쉬웠다. 아이들을 보내 놓고 눈물이 핑 돌 정도로. 만약 아이들의 생각을 묻지 않고 일방적으로 혼내서 보냈다면 어떻게 되었을까?

나는 네게 틈새가 되고 싶다

나는 네게 틈새가 되고 싶다

점심시간에 학교 등나무 아래를 걷고 있었다. 내 옆에는 두 아이가 함께 있었다. 두 우주와 함께 걷고 있는 나는 마냥 행복했다. 내가 그들의 삶에 작은 영향을 끼칠 수도 있는 교사라는 사실이 새삼 가슴을 뭉클하게 했다. 초임 교사 시절, 나는 내게로 온 아이들에게 지대한 영향을 끼치는 교사가 되고 싶어 안달이었다. 그들에게 영원히 잊을 수 없는 교사가 되고 싶었던 것이다. 그것이 아이들에 대한 순수한 사랑이 아니라 훌륭한 교사가 되기 위한 나의 욕심이었다는 것을 알기까지는 상당한 시간이 필요했다.

6월의 등나무 숲은 거대한 터널이 되어 하늘을 가리고 있었다. 그 등나무 터널이 그늘을 만들어 준 것은 고마운 일이었으나 아이들과 함께 푸르고 눈부신 하늘을 볼 수 없는 것이 아쉽기도 했다. 오랫동안 등나무 터널 안에만 있다 보면 그 위에 푸른 하늘이 있다

는 사실조차 까마득히 잊어버릴 것만 같았다. 다행히도 등나무 숲
에는 작은 틈새들이 있었다. 빛의 알갱이들이 쏟아져 내리는 그 틈
새들을 들여다보다 말고 나는 황급히 주머니에서 수첩을 꺼냈다.
그 후 몇 개월이 지나서야 이런 알량한 한 편의 시가 완성되었다.

나는 네게 틈새가 되고 싶다

어릴 적 아버지와 함께 먼 길 가다가

해찰하여 눈 마주친 소년처럼

간이역에 핀 코스모스처럼

틈새에서 피었다 지는 풍경이 되고 싶다

네게 맑은 물 내어 주는 틈새가 되고 싶다

그렇지, 맑은 물은 언제나 틈새에서 흘러나오지

깊은 틈새에서 흘러나오지

그 틈새에서 흐르는 맑은 물이 되고 싶다

나는 네게 작은 틈새가 되고 싶다

까맣게 하늘을 가린 여름 등나무 숲

그 너머에 푸른 하늘이 있다고 일러 주는

나뭇잎 사이, 작은 틈새가 되고 싶다.

졸시, 〈틈새〉

    나는 네게 틈새가 되고 싶다

수업 시간에 영어 단어를 설명하다가 나 스스로 뭉클한 감동에 빠질 때가 있다. 일종의 나르시시즘인 셈이다. 낭만적인 시구 하나로 학생들의 시선을 끌 수 있었던 호시절도 아닌데 자기 말에 스스로 도취되는 이런 촌스러운 선생님을 향해 눈을 반짝여 줄 순진하고 만만한 제자들이 얼마나 될까?

훌륭한 시편과 견줄 만한 팝송으로 수업하면서도 한 줄의 가사가 주는 감동을 전달하기 위해 내가 치러야 하는 인내와 극한의 감정은 말로 다 할 수 없을 정도다. 그런데도 내 가슴에서는 여전히 뭉클뭉클 솟구치는 것이 있으니 이를 어쩌랴? 어느 날 영어 시간, 나는 '코스모스cosmos' 라는 단어를 이렇게 장황하게 설명하고 있었다.

"여러분, 저는 꽃 한 송이에서도 우주를 봅니다. 선생님이 시인이어서 그럴까요? 꼭 그렇지만은 않아요. 이것은 시적 상상력이라기보다는 하나의 과학적 상식에 가깝습니다. 생각해 보세요. 태양의 도움 없이 한 송이 꽃이 피어날 수 있을까요? 그리고 태양은 저 혼자서 일을 합니까? 태양계의 여러 천체는 만유인력에 의해서 서로 연결되어 있고 정연한 역학계를 구성하고 있습니다. 천체 중 하나라도 문제가 생겨서 균형이 깨어지면 태양의 위치가 달라집니다. 태양이 지구에 조금만 가까워져도 꽃은 타 죽고 말겠지요. 이렇듯이 꽃 한 송이를 피우는 데 온 우주가 협력하고 공을 들이는 것입니다. 코스모스가 하나의 꽃 이름이면서 우주, 혹은 질서라는 뜻을 가지는 이유이기도 하지요."

들어 보니 그럴듯한지 귀를 쫑긋하고 관심을 기울이는 아이들이 생기기 시작한다. 나는 그중 한 아이에게 다가갔다. 숙제를 네 번씩이나 해 오지 않은 아이다.

"네가 어떻게 태어났지? 누가 널 만들었느냐고."

"예? 그건 말하기가 좀 뭐한데요."

"오버하긴! 네 엄마 아빠가 널 만드셨잖아. 그럼 네 엄마 아빤 누가 만드셨지?"

"그거야, 할아버지 할머니가……."

"그래. 그러면 할아버지 할머니는 누가 만드셨지? 물론 증조할아버지 할머니께서 만드셨겠지. 그런 식으로 계속 거슬러 올라가다 보면 최초의 인간이 나오겠지. 그 사람은 누가 만들었을까? 두 가지 주장이 있어. 신이 만들었다. 아니다, 원숭이가 진화해서 사람이 되었다. 난 전자 쪽인데 만약 신이 인간을 만들었다면 넌 신의 아들이야. 그리고 말이야, 그 최초의 조상부터 너에게 이르기까지 천재지변이라도 생겨 한 사람이라도 목숨을 잃었다면 넌 이 세상에 존재하지 않았을 거야. 너 한 사람을 태어나게 하려고 전 우주, 전 역사가 동원되었다는 얘기야. 네가 그런 사람이야. 그런데 4관왕이 뭐야 4관왕이! 앞으로 잘할 거야 말 거야?"

"잘하겠습니다."

참으로 신통방통한 일이 아닐 수 없었다. 녀석의 입에서 그런 말이 거침없이 튀어나오다니! 저 자신도 이상한지 어리둥절한 표정이다. 그런데 4관왕이라니? 그것은 숙제를 네 번 해 오지 않은 아이에게 붙여 준 별칭이다. 처음에는 "별이 네 개네" 하는 식으로 말했다가 아차 싶어 말을 바꾼 것이다. 숙제를 해 오지 않는 아이들을 향해 던지곤 했던 부정적인 언어들도 이런 식으로 변했다.

"오늘 숙제를 해 오지 않은 학생들 고마워요. 수행평가 점수를 모두 만점을 줄 수는 없는데 선생님이 곤란을 겪지 않도록 스스로 알아서 점수를 깎아 주었으니 얼마나 고마운지 몰라요. 자, 우리 모두를 위해 희생정신을 발휘해 준 친구들에게 모두 박수."

꾸중을 들어야 할 자리에서 오히려 박수를 받은 아이들의 표정을 살펴보는 것도 재미있다. 어떤 말을 해도 자신과는 상관없는 일이라는 듯 무표정으로 일관하던 아이들의 눈에서 동요의 빛이 일기도 한다. 아무리 무감각한 아이라도 교사가 사용하는 언어의 질감을 가릴 줄은 안다. 나는 나대로 아이들을 무시하거나 경멸하지 않고도 얼마든지 교사의 뜻을 전달할 수 있다는 사실을 깨닫는 즐거움이 있다. 그 즐거움의 시간은 반성의 시간이기도 하다.

요즘 아이들은 왜 교사의 말에 감동하지 않는가. 지식에서 점수만을 취하고 감동을 지워 버린 입시 위주 교육이 그 주범일 테지만 이런 현상에 대하여 너무 쉽게, 너무 빨리 지친 나머지 패배를 인

   나는 네게 틈새가 되고 싶다

정해 버린 우리 교사들에게도 책임이 있지 않을까. 나는 가끔 내 주변에 희망의 천재보다는 절망의 천재들이 더 많다는 생각이 들 때가 있다. 물론 어설픈 희망의 몸짓보다는 치열한 절망이 더 희망적이고 아름다울 수도 있다. 하지만 어두운 곳에 오래 있으면 눈이 어둠에 익숙해지듯이, 어두운 생각도 너무 오래 하다 보면 어두운 절망에 익숙해질 수도 있다. 그러니 어두운 등나무 숲을 거닐다가 희망의 틈새를 발견한 것은 얼마나 다행한 일인가. 나는 아이들에게 작은 틈새가 되고 싶다. 까맣게 하늘을 가린 여름 등나무 숲, 그 너머에 푸른 하늘이 있다고 일러 주는 나뭇잎 사이, 작은 틈새가.

"선생님, 떠드는데 왜 사탕을 줘요?"

여름은 끝나지 않았지만 여름방학이 끝나 드디어 개학을 했다. 하필이면 대구가 사람의 체온과 같은 36.5도로 그해 여름 최고 기온을 갱신하던 날이었다. 서울, 강원 등 일부 지역을 제외한 전국 대부분의 곳에서는 폭염주의보가 발령되기도 했다. 개학 전날 교직원 연수를 마치고 교실에 들어가 보니 곰팡이 냄새가 코를 찔렀다. 오전 내내 창문을 열어 놓고 오랫동안 폭염 속에 방치된 교실 바닥과 책걸상에 내려앉은 먼지를 쓸고 닦아 내니 이제 아이들을 맞이해도 되겠다 싶었다. 창문을 닫고 교실을 나오면서 칠판에 이렇게 적어 놓았다.

방학은 즐겁게 잘 보냈나요? 책상과 걸상은 깨끗이 닦아 놓았으니 그냥 편하게 앉으면 됩니다. 오늘 1교시 대청소, 2교시 자치활동, 3교시 적응활동으로 일과가 진행됩니다. 자치활동 시간에는 청소 구역 배정, 자리 배정, 지각생 문제, 실내 정숙 등에 관해서 자치적으로 토의해 주세요. 적응활동 시간은 여러분과 상의하여 좋은 시간을 갖도록 하겠습니다.

2교시 자치활동이 끝나고 반장 아이가 교무실로 나를 찾아왔다. 회의 내용을 빼곡히 적은 종이를 건네며 이렇게 말했다.

"회의 다 마쳤어요. 청소 구역 다 짰고요. 자리는 이번에는 같이 앉고 싶은 애들끼리 앉기로 했어요. 지각생은 1학기 때처럼 하기로 했고요, 그리고 조회 시간이랑 수업 시간에 조용히 하기로 했어요. 모두 그렇게 하자고 했어요."

"그래? 그럼 지금 가서 실험해 볼까?"

그해 나는 담임 복이 많은 편이었다. 아이들과 개인 면담을 해 보면 대부분이 밝고 따뜻한 성품을 지닌 아이들인 것을 알 수 있었다. 하지만 아이들이 집단으로 있을 때는 그 모습이 사뭇 달라진다. 군중심리라는 말이 실감이 날 정도로 익명의 그늘에 숨어 수업 분위기를 망치는 아이들도 있다. 한참 성장하는 아이들에게 꼭 필요한 말을 해 주고 싶어도 아이들의 시선을 모으기가 여간 어렵지 않다.

2학기 첫 자치활동 시간에 실내 정숙 문제를 토의하도록 한 것도 그런 사정 때문이었다. 사실 자치활동 시간에도 아이들이 떠들기는

나는 네게 틈새가 되고 싶다

마찬가지였다. 그래서 하루는 아이들에게 맡기고 그 결과만 보고하라고 했더니 놀랄 만한 일이 벌어진 것이다. 담임인 나로서는 손조차 대지 못한 일들을 학급 간부들 중심으로 넉넉하게 해결한 것이다. 그 일로 나는 많은 반성을 했지만 문제는 지속성이었다. 반장 아이와 함께 교실에 들어가 아이들 앞에서 이렇게 입을 열었다.

"반장에게 여러분이 수업 시간에 조용히 하기로 했다는 말을 들었습니다. 그 말을 듣고 코끝이 찡할 정도로 기뻤습니다. 그런데 작심삼일이 되면 안 되겠지요? 지금부터 선생님이 15분 동안 여러분의 성장에 도움이 될 만한 말을 해 주려고 합니다. 만약 이 15분을 못 참고 떠드는 학생에게는 사탕을 하나씩 주겠습니다."

"떠드는데 왜 사탕을 줘요?"

"맞아요. 사탕을 주면 더 떠들잖아요."

"저 떠들 거니까 사탕 주세요."

아이들의 반응은 예상하고도 남음이 있었다. 그런데 내가 던진 다음 말에 아이들은 입을 다물고 말았다.

"좋아. 여러분 스스로 한 약속을 사탕 하나로 바꾸고 싶으면 그렇게 하든가."

드디어 15분짜리 담임 특강이 시작되었다.

"지난주에 영화 한 편을 봤습니다. 정신병원에 갇힌 소녀들이 주인공이었는데 그 상당수는 왜 정신병원에 있어야 하는지 의문이들 만큼 거의 정상에 가까운 소녀들도 있었습니다. 하지만 그들이 정상 판정을 받지 못한 이유가 있었습니다. 무엇 때문일까요? 무엇 때문에 거의 정상에 가까운 소녀들이 정신병원에 갇혀 있어야 했을까요?"

"정신이 이상해서요."

"물론 그렇겠지. 그런데 정신이 멀쩡할 때도 있단 말이지. 그래도 정상이란 판정이 내려지지 않은 이유가 뭘까요?"

아이들은 나름대로 그 이유를 생각해 보는 듯했다. 아이들다운 엉뚱한 대답이 대부분이었지만 그래도 아이들의 진지한 눈빛에 마음이 더없이 기뻤다. 잠시 후, 나는 손에 사탕을 든 채 한 아이 곁으로 다가갔다. 그 아이는 옆 동무에게 무슨 말인가를 건네려다가 말고 화들짝 놀라 나를 바라보았다.

"사탕 줄까?"

"아니요. 잘 들을게요."

나는 그 아이에게 빙그레 웃음을 보여 주고는 뒤돌아서서 칠판에 두 단어를 큰 글씨로 써놓은 뒤에 다시 입을 열었다.

"선생님이 여러분에게 화를 낼 때가 많았지요. 그래도 화를 내지 않으려고 많은 노력을 하기도 했어요. 만약 선생님이 화를 참지 않았다면 어떻게 되었을까요? 여러분은 매일같이, 매시간 매 순간 화가 나 있는 선생님을 봤겠지요. 그건 여러분에게도 짜증 나는 일이겠지만 선생님에게도 그런 불행하고 끔찍한 일도 없을 거예요. 아마도 정상적인 업무를 수행하기 위해서는 정신과 치료를 받아야 할지도 모르고요. 영화 속의 주인공이 어려운 난관 끝에 머릿속에 떠올린 단어는 '자제력과 대화' 였어요. 물론 그것도 치료의 과정에서 얻은 지식이었지만 그 지식을 자신의 것으로 만드는 일이 더 중요했지요. 정상인 상태를 유지하기 위해서는 자제력이 필요해요. 그리고 그 자제력은 어떤 외부의 힘에 의해서가 아니라 자기 자신과의 꾸준한 대화 속에서만 가능하지요. 선생님이 매를 안 대니까 떠든다는 말은 틀린 말이에요. 매를 대지 않아도 여러분이 자제력을 갖고 여러분 스스로 대화를 할 수 있는 능력만 키운다면 얼마든지 가능한 일이에요. 선생님이 매를 대지 않는 가장 큰 이유도 바로 그런 능력을 키워 주기 위해서인지도 몰라요."

담임 특강을 성공리(?)에 마치기 직전에 마지막으로 칠판에 쓴 글씨는 영화 속 주인공인 소녀를 퇴원시키면서 내린 정신과 전문의의 진단 소견이었다.

'회복된 경계'

아이들도 나도 지금 '회복된 경계' 에 서 있는지도 모르겠다. 여름방학 내내 나 자신과 대화를 한 뒤에 얻은 소중한 진단이기도 하다. 영화 속의 소녀는 이 진단을 받고 사회에 나가는 것을 두려워했다. 그것은 나도 마찬가지다. 경계란 다시 나락으로 떨어질 수 있는 위험한 지점이기 때문이다. 하지만 경계란 또한 그 너머를 바라볼 수 있는 희망이기도 하다. 경계의 지점에서 희망을 바라보는 것, 나는 그것을 사랑이라고 말하고 싶다.

요즘 체벌에 관한 논란이 뜨겁다. 나는 20년 가까이 매를 대지 않고 아이들을 만나고 있다. 떠드는 아이에게 오히려 사탕을 주겠노라는 엉뚱하면서도 제법 약발이 먹히는 발상을 한 것도 매를 대지 않겠다고 스스로 선언한 뒤에 생긴 교육적 상상력의 결과이다. 사실, 나는 머리가 썩 좋지 않은 편이다. 남들이 다 아는 것도 한참이나 있어야 형광등의 불이 켜진다. 그래서 이런 기막힌(?) 발상을 하게 된 것이 신기하기만 하다. 이것은 교사로서 축복이라면 축복이다. 인간에 대한 이해와 믿음이 가져다준.

‘춥다’와 ‘덥다’ 밖에 모르는 아이들

가을이 시작되는 9월의 첫날, 나는 출석부를 겨드랑이에 끼고 미풍 같은 발걸음으로 교실로 들어갔다. 교실은 창문이 닫힌 채 선풍기가 돌아가고 있었다. 선풍기를 끄게 하고 창문을 열라고 하자, 창가 쪽에 앉은 서너 아이가 약속이나 한 듯이 한목소리로 이렇게 합창을 해 댔다.

“선생님, 추워요.”

“춥긴 뭐가 춥다 그래? 그리고 추운데 선풍기는 왜 틀어?”

가만 생각해 보니 작년에도 아이들과 똑같은 대화를 주고받았던 것 같다. 창문을 굳게 닫아 놓고 선풍기 바람을 쐬고 있는 아이들이 못마땅하기보다는 왠지 가여운 마음이 든다. 갈수록 자연과 멀어져만 가는 아이들. 그래서 차츰 행복과도 멀어져 가는 아이들. 나는 아이들에게 이런 말을 해 주었다.

“오늘이 9월 1일이야. 가을이 시작되는 첫날이라고도 할 수 있지. 불과 이삼일 전까지만 해도 찜통더위로 너희 몸과 마음이 다 지쳐 있었잖아. 그땐 여름이 빨리 지나가고 어서 가을이 왔으면 했잖아. 그렇게도 기다리던 가을이 왔는데 단 하루도 가을을 즐기지 않고 조금 춥다고 창문을 닫아 버리면 모처럼 행복할 기회를 놓치는 거잖아. 춥다면서 선풍기를 틀어 놓는 것은 뭐고?”

요즘은 교실마다 냉방 장치가 잘 되어 있는 편이지만 몇 년 전만 해도 아이들은 무더운 찜통 교실에서 수업해야만 했다. 수업을 마치고 에어컨이 빵빵하게 돌아가는 교무실에 들어가면 마치 냉장고 문을 열었을 때처럼 시원하고 서늘한 기운이 확 끼쳐 왔다. 마치 지옥에서 천국으로 온 기분이라고나 할까? 솔직히 그것이 좋으면서도 찜통 교실에서 수업하고 있는 아이들 생각에 미안한 마음이 들었다. 그런 까닭에 나는 더욱 가을을 기다리게 되었고, 가을이 오면, 가을이 와 주기만 하면 모두 행복하리라 믿고 있었던 것이다.

그런데 더위가 가시기가 무섭게 아이들은 춥다고 야단이었다. 반소매 여름 교복을 입었으니 바람이 차게 느껴질 수도 있겠지만 선풍기를 틀어 놓은 것을 보면 춥다고 엄살을 부릴 만한 날씨는 아니었다. 더운 것도 추운 것도 모두 싫은 감정의 표현이다. ‘덥다’ 와 ‘춥다’ 사이에 존재해야 할 형용사가 빈약한 것은 그만큼 아이들의 삶이 풍요롭지 않다는 것을 의미할 수도 있다. 언어는 곧 삶의 반영이기 때문이다.

삶이 먼저 풍요로워야 자연스레 언어도 풍성해지겠지만, 때로는 언어의 풍성함으로 행복한 삶을 유도해 낼 수도 있다. 수업 시간에 잠깐 짬을 내어 '덥다'와 '춥다' 사이에 올 만한 단어들이나, 혹은 가을 느낌이 드는 표현들을 칠판에 적어 본 것도 그런 이유에서다.

시원하다. 선선하다. 서늘하다. 상큼하다. 사무치다. 가슴이 시리다. 살갗에 닿는 바람의 감촉이 좋다. 하늘이 드높고 푸르다. 가을 냄새가 난다. 가을비가 내린다. 스산한 가을바람이 분다. 따듯한 어묵 국물이 그립다. 장롱에서 긴소매 옷을 꺼내 입고 싶다. 따듯한 솜이불을 덮고 자고 싶다. 유난히 손이 따듯한 친구가 그립다. 어깨가 시리다. 누군가의 어깨를 감싸 주고 싶다. 외롭다. 쓸쓸하다. 영혼이 맑아지는 것 같다. 어디론가 훌쩍 떠나고 싶다. 기차를 타고 가다 코스모스가 핀 간이역에서 내리고 싶다. 낙엽이 지는 공원 벤치에 앉아 책을 읽고 싶다. 마음이 쓸쓸하면서도 행복하다.

나는 가을을 퍽 좋아한다. 보통 좋아하는 것이 아니라 사무치도록 좋아한다. 우리말에 '사무치다'라는 표현이 있어서 참 다행이다. 만약 그런 표현이 없었다면 내가 가을을 좋아하는 정도를 표현할 길이 막막했을 것이다. 어느 해 가을에 쓴 시다.

   '춥다'와 '덥다' 밖에 모르는 아이들

이 가을에

어딘가 끝없이 걷고 싶다

하지만 어디쯤에서

다시 돌아오지 않으면 안 된다

어느 편이 더 사무칠지는……

졸시, 〈가을〉

가을 산에 오르면 나뭇잎 뒤척이는 소리가 어제 다르고 오늘 다르다. 9월, 10월, 11월…… 이렇게 무려 3개월 동안 나는 가을 때문에 행복하다. 보통 행복한 것이 아니라 사무치게 행복하다. 교실에서 떠드는 아이들과 승강이를 벌이다가 몸이 파김치가 다 되어도 교실 문을 열고 밖으로 나오는 순간 내 얼굴에는 금세 화색이 돈다. 문밖에서 가을이 나를 기다리고 있기 때문이다. 순간적으로 "아, 가을이다!"라고 마음으로 외치면 교실에서 느꼈던 스트레스가 삽시간에 온데간데없이 사라진다.

　세상에서 가장 훌륭한 교사는 아이들에게 행복을 가르치는 교사일 것이다. 좋은 점수를 얻어 좋은 대학에 가는 것도 결국 그 목표는 행복에 있기 때문이다. 그런데 나는 아직도 그런 훌륭한 교사는 아닌가 보다. 아이들은 '춥다'와 '덥다' 밖에 모르는데 나 혼자서만 북 치고 장구 치고 난리법석을 떨고 있으니 말이다. 하긴 나 자신이 행복하지 않은데 아이들더러 행복하라고 말하기도 어려운 노릇이다.

기승을 부리던 더위가 가시고 선선한 가을이 왔는데도 아이들이 행복해 보이지 않는 것은 학교생활을 통해서 배움과 성장의 기쁨을 누리지 못하는 탓일 수도 있다. 배움의 속도가 자연의 속도를 추월하면 기쁨은 사라진다. 길이 아닌 도로 위의 아이들처럼 말이다. 학창 시절을 오로지 대학이라는 목표만을 위해 정진하는 것은 고속도로를 씽씽 달리는 차량을 연상시킨다. 일단 목적지에 도착하면 다음 목적지를 향해 또 씽씽 달린다. 현재는 없고 미래만 존재하는 아이들처럼.

가을이다. 사무치도록 좋은 이 계절에 우리 아이들이 행복했으면 좋겠다. 아이들의 언어가 가을만큼이나 풍성해졌으면 좋겠다. 오늘 행복하지 않은 아이들은 내일도 행복과는 거리가 먼 삶을 살게 될 가능성이 많다. 미래 세대의 꿈나무로서만 아이들을 바라보지 않고 그들의 현재의 삶에도 관심을 두고 배려하는 어른들이 많아졌으면 좋겠다.

"그냥 전화했어, 가을바람이 너무 좋아서"

저녁 산책하러 나갔다가 한 아이에게 전화를 걸었다. 그 아이는 점심시간에 나에게 문자를 보내왔다. 조퇴를 시켜 달라는 내용이었다. 담임을 직접 찾아오지 않고 문자를 보낸 것은 조퇴할 만한 사정이 아닌데 한번 봐 달라는 뜻이 담겨 있다.

이런 경우 나는 대체로 관대한 편이지만, 학교에 있기 싫어하는 마음이 커 가는 것을 내버려 둘 수는 없다. 이해하고 안아 주되, 근본적으로 마음을 잡을 수 있도록 도와주어야 한다. 그래서 전화를 했던 것이다. 신호음이 가고 아이가 전화를 받았다.

"여보세요?"

"나야, 담임선생님. 지금 어디냐?"

"안녕하세요? 저 지금 집에 들어가는 중이에요. 그런데 웬일이세요?"

"응. 그냥. 그냥 했어. 지금 동천으로 산책 나왔는데 가을바람이 너무 좋다. 너 집에 들어가기 전에 꼭 이 가을바람을 느끼고 들어가도록 해라. 그리고 행복하고……."

"예? 예……."

"여름에는 어서 가을이 왔으면 하잖아. 그럼 가을이 왔으니까 가을을 느껴야지. 언제 가을이 왔다 가는지 모르고 지내면 네 손해잖아. 그래서 전화한 거야. 이 말 하려고. 네가 행복했으면 해서."

"예에. 고마워요, 선생님."

학교생활에 잘 적응하지 못하고 조퇴를 청하여 거리를 배회하다가 늦게야 귀가하는 아이에게 가을을 느끼고 집에 들어가라니! 이건 숫제 불난 집에 부채질하는 격이 아닌가? 이렇게 따지려 드는 사람도 있을 수 있겠다. 그런데 그런 위험천만한 말을 듣고도 아이의 목소리가 더욱 밝아지고 차분해진 것은 어찌 된 조화일까?

내가 아이에게 해 준 말은 사실은 그날 반 아이들에게 종례 시간에 전해 준 말이기도 했다. 교실에 들어가 중요한 전달 사항이 있으니 조용히 하라고 분위기를 잡은 뒤에, '종례 끝'이라는 말이 떨어지기가 무섭게 총알처럼 달려갈 태세를 하고 있는 아이들에게 이런 말을 해 주었던 것이다.

"오늘 집에 들어가기 전에 하늘을 꼭 세 번 이상 쳐다보세요. 요즘 저녁노을이 정말 아름다워요. 그리고 지금 가을이잖아요. 날씨

    "그냥 전화했어, 가을바람이 너무 좋아서"

가 추워졌다고만 생각하지 말고 여러분 가슴으로 가을을 느껴 보세요. 그리고 행복하세요. 종례 끝.”

나는 가끔 악수 종례를 한다. 전체 학생들을 대상으로 전달 사항을 전해 주는 그런 의례적인 종례 시간을 한번쯤 배반하고 싶어서 만든 나만의 종례 방식이다. 그날은 아이들과 일일이 악수를 하는 것으로 종례를 대신한다. 악수를 하며 아이들에게 은밀히 건네는 말이 말하자면 종례 사항인 셈이다. 바로 이 말.

“행복해야 해!”

나는 왜 아이들에게 교복을 단정하게 입고 다니라고, 지각하지 말라고, 거리를 배회하지 말고 곧장 집에 들어가라고 하는 그런 중요한 얘기는 하지 않고 아이들에게 행복하라고 말하는가? 그 이유는 간단하다. 아이들이 행복해지면 모든 것을 스스로 알아서 하기 때문이다. 그리고 우리 인간은 행복하기 위해서 태어났지, 지각이나 결석을 하지 않기 위해서 태어난 존재가 아니기 때문이다.

아이들은 왜 행복하지 않을까? 아이들 제각기 나름대로 이유가 있겠지만, 그들에게 행복에 대한 감수성을 키워 주지 못하는 우리 학교교육에도 문제가 있지 않을까. 시적 감수성이 없는 사람이 좋은 시를 쓰기가 어려운 것처럼 행복에 대한 감수성이 없는 사람은 행복에서 더 멀어질 수밖에 없다. 가령, 석양 무렵 하늘을 수놓는 아름다운 노을을 보고도 아무런 감흥을 받지 못하는 사람은 그만큼 삶이 팍팍할 수밖에 없다. 공교육을 통해서 미적 감수성을 키워 준다면 모든 것이 사뭇 달라질 것이다. 그것을 개인 취향의 문제로만 볼 일은 아니라는 말이다.

현대사회의 물질주의가 저지른 가장 큰 해악은 어린 학생들에게 돈으로 행복을 살 수 있다는 그릇된 신념을 심어 준 일일 것이다. 대다수 아이는 행복은 곧 돈이라는 등식을 마음속에 이미 그려 놓은 지 오래다. 그것은 아파트 평수가 넓어지는 것과 행복의 크기가 정비례할 것으로 굳게 믿고 있는 어른들이 드리운 어두운 그림자이다. 무상으로 주어지는 행복의 원천을 스스로 막아 버리고 오로지 돈으로 구매할 수 있는 행복만을 찾아 나서는 바보 어른들이 우리 주변에는 얼마나 많은가.

언젠가 수업을 하다가 공부하기 싫어서 미치고 환장하겠다는 표정을 짓고 있는 아이들에게 이런 얘기를 해 주었다. 엉뚱하게도 아내의 배에 희미하게 남아 있는 분만의 흔적에 대한 이야기였다.

"하나의 작은 생명이 열 달 동안 엄마의 배 속에서 커 가면서 엄마의 배도 그만큼 부르게 되겠지요. 그리고는 한 생명이 세상에 나오는데 나중에 엄마의 배는 어떻게 될까요? 갑자기 푹 꺼지겠지요. 그런데 생명이 커 가면서 뱃살이 늘어났던 흔적은 거의 평생 동안 지워지지 않아요. 마치 살이 튼 것처럼 피멍이 진 자국들이 남아 있지요. 그런 고통을 치르고서 여러분을 낳으신 거지요. 엄마가 여

　　　　　　　　"그냥 전화했어, 가을바람이 너무 좋아서"

러분을 배 속에서 키운 열 달은 여성으로서 가장 고통스러운 시기
이면서 가장 행복한 시기라고 해요. 고통과 행복은 이렇게 늘 같이
있어요. 공부하기 싫다고 안 해 버리면 보람이 없고 보람 없는 삶
이 여러분을 불행하게 만드는 거예요.”

　교사의 일상적인 잔소리가 아닌 일종의 ‘행복학 강의’를 자주 듣
는 아이들은 조금씩 자신과의 싸움에서 이길 힘을 얻기도 할 것이
다. 교육적 상상력을 통해 잔소리를 지혜의 언어로 바꿀 줄 아는
교사들이 많아졌으면 좋겠다.

'낯설게 하기' 화법

수업 시간에 한 아이를 불러냈다. 두어 번 눈짓으로 신호를 보냈는데도 아랑곳하지 않고 휴대폰을 만지작거리다가 불려 나온 아이를 나는 야단치지 않고 곧바로 자리로 돌려보냈다. 그것이 이상했는지 아이는 멍한 눈으로 나를 쳐다보았다.

"들어가. 들어가면서 반성하라고 나오게 한 거야."

내가 생각해도 싱겁기 짝이 없는 수작이었다. 하지만 수업이 끝날 때까지 아이가 휴대폰을 다시 만지작거리는 일은 일어나지 않았다. 수업 태도 역시 사뭇 달라졌다. 왜 그랬을까? 좀 엉뚱한 말로 들릴지 모르지만, 그것은 내 모습이 아이에게 낯설게 느껴졌기 때문일 수도 있다. 만약 그때 내가 이런 식으로 말을 했다면 아이는 어떤 반응을 보였을까?

"넌 어떻게 된 애가 수업 시간에 늘 휴대폰만 만지작거리고 있냐? 네 부모님께서 보시면 얼마나 한심하겠니? 꼴도 보기 싫어. 들어가!"

내 경험으로 미루어 보건대, 이런 말은 하나 마나다. 수업 시간에 자주 휴대폰을 만지작거리는 아이라면 이런 말은 귀에 딱지가 앉도록 들었을 터. 그러니 교사에게서 한 번 더 짜증 섞인 말을 들었다고 해서 달라질 리가 없다.

'낯설게 하기'란 문학 용어가 있다. 낯익은 것을 낯설게 함으로써 사물들을 더욱 선명하게 인식하려는 일종의 창작 기법이다. 시인들은 어떤 대상을 좀 더 생생하게 그려 내기 위해 흔히 비유를 사용한다. '꽃 같은 여인'이 그 한 예이다. 여기서 꽃은 원관념인 여인을 묘사하기 위한 하나의 보조관념, 즉 비유인 셈인데 그들은 이런 상투적이고 진부한 비유를 좋아하지 않는다. 너무 뻔하고 낯익어 시적 긴장이나 감동이 느껴지지 않기 때문이다.

나는 아이들에게 관대한 편이지만 수업 시간에 딴짓을 하거나 아예 책상에 엎드려 있는 아이들을 그냥 내버려 두지 않는다. 물론 아이를 포기하고 싶지 않아서이다. 그렇다고 "너를 사랑하기에 포기할 수 없었노라!"라는 식의 진부한 사랑 타령만 늘어놓을 수는 없지 않은가. 이때 '낯설게 하기'의 회술이 필요하다.

"요즘 은지하고 선생님하고 사이가 참 좋지? 그런데 누가 노력해서 우리 사이에 평화가 유지되고 있는 거야? 은지야, 선생님이야?"

“선생님이요.”

“그럼, 앞으로는 은지가 노력해 봐.”

“알았어요.”

이런 대화가 오고 간 뒤 얼마 안 되어 그 아이와 복도에서 마주쳤다. 나를 보자 반가운 기색도 없이 건성으로 인사만 하고 지나가는 아이를 불러 세웠다.

“왜 요즘은 선생님을 보면 안 까부니?”

“선생님이 까불지 말라고 하셨잖아요.”

“앞으로는 까불어.”

“왜요?”

“넌 까불어야 예쁘거든. 대신, 수업 시간에는 조금만 까불고. 알았지?”

“알았어요, 선생님!”

아이의 얼굴에서 금세 환한 웃음이 피어난다. 그 웃음은 교사에게 그날의 일용할 양식이 되어 주기도 한다.

학교에서 소풍이나 수학여행을 다녀오면 재미가 없었다고 말하는 아이들이 많다. 그것은 아이들이 자연과 친하지 않고 삶을 즐기지 못하기 때문이기도 한데 물론 아이들만의 잘못은 아니다. 이런 경우에도 생각의 허를 찌르는 화술이 필요하다. 말하자면 일종의 '낯설게 하기' 수법인 셈이다. 소풍 전날 아이들에게 해 준 말이다.

"오늘 날씨가 너무 좋지요? 언젠가 누가 야외 수업을 한번 하자고 한 것 같은데 내일은 온종일 야외 수업을 합니다. 한 시간만 야외 수업을 해도 좋은데 온종일 하니 얼마나 좋습니까? 내일은 친구들과 잡담해도 좋고, 귀에 이어폰을 꽂고 노래를 들어도 누가 뭐라고 할 사람이 없습니다. 이번 소풍의 목적은 자연과 친해지기입니다. 자연 속에서 행복하기입니다. 아무리 지위가 높고 돈이 많아도 삶을 즐기지 못하는 사람은 불행한 사람입니다. 소풍 끝나고 재미가 없다고 하면 그것은 여러분 책임입니다."

학교 교정을 걷거나 퇴근길에 "학교가 뭐지?" 하고 느닷없는 물음을 자신에게 던져 보는 것도 '낯설게 하기'의 한 유형일 수 있다. 학교를 늘 바쁘게 오가면서도 "학교가 뭐지?"라고 묻는 사람은 거의 없다. 그것은 바쁘게 사는 사람일수록 "인생이 뭐지?"라는 식의 난데없고 다분히 철학적인 질문을 던지기가 쉽지 않은 것과 같은 이치이다. 늘 거기에 있었으니 어떤 정서적 감흥을 주지 못하고 머리에서 자동으로 처리되어 버린 탓이다. 이것을 시 창작 이론에서는 '자동화'라고 부른다. 말하자면 '낯설게 하기'는 그런 자동화를 거부하는 셈이다.

우리 집 바로 코앞에 학교 건물이 들어섰다. 그 바람에 신선한 채소들이 자라던 남새밭과 무성한 밤나무 숲 사이로 등산로가 나 있던 아름다운 산기슭이 사라져 버렸다. 산과 밭이 지워진 그 자리에 학교 건물이 세워지자 나는 엉뚱하게도 땅의 가치에 대해 손익 계산을 하고 있었다. 온갖 채소가 자라고 숲이 우거져 있던 땅과 학교가 세워진 뒤 학생들이 드나들 교육 공간으로서 땅의 가치를 견주고 있었다는 얘기다. 어차피 엉뚱한 질문이었지만, 나는 정말 궁금했다.

고추와 가지들이 사이좋게 자라듯 아이들이 사이좋게 자라 주지 않는다면, 땅에 튼튼한 뿌리를 내리고 햇살과 비와 바람의 도움을 받아 의젓하게 함께 키를 키워 온 나무들과는 달리 오로지 점수 경쟁에 매달려 우정도 모르고 배려심도 없는 이기적이고 편협한 아이들로 자란다면, 채소나 나무들처럼 자기가 수고하여 남을 이롭게 하는 넉넉하고 멋진 아이들로 자라 주지 않는다면, 과연 학교가 채소밭보다 더 가치가 있다고 말할 수 있을까?

인터넷 백과사전은 학교를 '일정한 목적하에 전문직 교사가 집단으로서 학생을 대상으로 교육을 실시하는 기관'이라고 정의하고 있다. 사전다운 해석이요, 아주 틀린 말도 아닌데 상상력이 빈곤한 우리네 학교의 모습을 그대로 보여 주는 것 같아 숨이 탁 막힌다.

한 사람이 세상에 태어나서 정상적인 의식을 가지고 행복을 추구하며 생활할 수 있는 기간이 몇 년이나 될까? 길게 잡아도 70년이다. 그 70년의 삶 속에서 한 사람이 초등학교에 입학하여 대학교를 졸업하기까지 16년의 세월을 짧다고 말할 수 있을까? 4년 동안의 대학 생활을 뺀다고 해도 한 아이가 학교라는 공간에서 보내는 기간이 12년이다. 더욱이 그 12년은 가장 감수성이 예민하고 행복에 민감한 아주 중요한 시기이다.

그 결정적인 시기에 학생들은 '일정한 목적하에 전문직 교사가 집단으로서 학생을 대상으로 교육을 실시하는 기관'인 학교에서 대부분의 시간을 보낸다. 특히 고등학생이 되면 잠을 자는 시간을 빼고는 거의 온종일 학교에서 지내야 한다. 자발적인 개인이 아닌 집단의 일원으로서, 삶의 주체가 아닌 대상으로서 말이다. 이것이 사전적인 해석뿐만 아니라 실제 학교의 모습이기도 하다.

나는 학교를 이렇게 정의하고 싶다. 나무가 자라듯 아이들이 자라는 곳이라고. 어린 생명이 공부하고 뛰놀면서 삶을 배워 가는 곳이라고. 남을 이롭게 함으로써 함께 행복해지는 상생과 공존의 삶을 연습하는 곳이라고. 물론 현실의 학교와는 사뭇 거리가 먼 얘기다. 그래서 우리는 꿈을 꿀 이유가 있는 것이다. 가끔은 학교를 낯선 시선으로 바라보면서.

나는 왜 화물열차에 손을 흔들었을까?

천변 둑길을 걷다가

때마침 지나가는 기차가 있어

손을 흔들어 줄 요량이었는데

알고 보니 화물열차였다.

올렸던 손을

바로 내리기도 야박해서

잠깐 망설이는 사이

손은 가슴께에 와 있었다.

가슴에 손이 닿은 채

기차가 보이지 않을 때까지

차마 손을 내리지 못하고

사뭇 오랫동안 서 있었다.

하늘에서 눈발이 내린 것은

기차가 소실점으로 사라진

한참 뒤의 일이었다.

졸시, 〈소실점 사랑〉

그때 기대했던 객차가 나타났다면 시가 찾아오지는 않았으리라. 세상일이라는 게 그렇다. 가끔은 어긋난 틈새에서 생명이 움트기도 한다. 하지만, 시가 나를 찾아오리라는 것을 예감했을 뿐, 시가 완성된 것은 한참 뒤의 일이었다. 나는 왜 산모롱이를 돌아오는 기차가 화물열차인 것을 확인하고서도 손을 내릴 수 없었을까?

처음에는 그것이 자못 궁금했던 것이다. 그 궁금증이 풀리는 순간이 곧 시가 완성되는 순간이라고 믿고 있었는지도 모르겠다. 어쨌거나 머릿속으로 무수한 상념이 스쳐 갔지만 어느 것 하나 건질 수가 없었다. 그런데 그때 나는 사람에게 손을 흔들었을까? 기차에 손을 흔들었을까? 기차에 손을 흔들었다면 나는 혹시 시커먼 쇳덩어리에 미안했을까? 손을 올렸다가 사람이 아니라고 손을 내리려고 했던 사실이.

그 무렵, 유리에게서 전화가 왔다. 거짓말을 잘하지만 천진한 아이. 그런 형용모순이 가능한 아이. 유리가 가출한 것은 지난가을이었다. 휴대전화에 문자를 남겼지만 한 달이 다 가도록 소식이 없었다. 그러던 어느 날 뜻밖의 전화가 왔다. 연락이 닿지 않아 애를 태웠지만, 막상 통화가 되니 딱히 할 말이 생각나지 않았다.

유리와 눈을 마주치며 말을 할 때는 예쁜 토끼와 대화하는 기분이 들곤 했다. 토끼는 귀엽지만 사람의 말을 잘 알아듣지 못한다. 그럼 내가 토끼가 될까? 유리와 있으면 그런 동화 같은 상상력에 빠질 때가 많다. 하지만, 아이들과의 만남은 동화 속 애기가 아니다.

"지금 네가 학교를 나오지 않는 가장 큰 이유가 뭐냐?"

"학교 다니기 싫어요."

"왜 싫은데?"

"그냥 싫어요."

"그래도 이유가 있을 거 아니야."

"아침에 일찍 일어나는 것도 싫고, 학교에서 머리도 내 맘대로 못 하게 하니까 싫어요."

이쯤 해서 나는 말문이 막힌다. 더는 무슨 대화가 가능할까? 하지만, 교사에게 그런 자포자기 감정은 절대 금물이다. 어떤 상황에서도 대화를 포기해서는 안 된다. 그럼 무슨 말을 한담? 잠시 후, 나는 유리에게 이런 질문을 던졌다.

"그것이 고등학교 2학년 학생으로서 제대로 된 생각이 아니라는 것은 알고 있니?"

"예, 알아요."

"아는데 잘 안 된다는 거야?"

"예."

나는 내심 놀라고 있었다. 귀여운 토끼가 그것을 어떻게 알았을까? 나는 마치 먹구름 속에서 한 줄기 빛을 보는 그런 기분이었다. 내 목소리는 일말의 희망과 자책감 사이에서 사뭇 떨리고 있었다.

"선생님이 너 사랑하는 줄 알지?"

"예, 알아요."

"내가 널 사랑하는 줄 어떻게 알았어?"

"그냥 알아요. 제가 그런 것도 모를 줄 아세요?"

나는 일단 안심이 되었다. 대화는 신뢰가 바탕이 되지 않으면 아무런 진전이 없다. 내가 절 사랑한 줄 알고 있다면 진실을 파악하는 능력이나 인성에도 별문제가 없을 것이다. 아직 철이 없어서 그렇지 비뚤어진 마음이나 깊은 상처 같은 것이 없을 가능성이 많다. 그런 희망적인 생각을 하다 보니 나는 어두운 터널을 빠져나온 기분이었다. 그런 희망적인 생각이 자연스레 들었는지, 일부러 그런 생각으로 나를 몰고 갔는지는 알 수 없지만.

"고맙구나. 그럼 너에게 한 가지만 부탁하마. 우선 집으로 들어

가거라. 너도 네 행동이 잘못된 것을 안다고 했으니까 엄마가 너 때문에 많이 힘드신 것도 알고 있겠지? 네가 학교에 흥미를 느끼지 못하는 것은 네 잘못이 아닐 수도 있어. 하지만, 엄마를 아프게 하는 것은 큰 불효야. 약속할 수 있겠니?”

“생각해 볼게요.”

사흘이 지나서야 유리는 집으로 들어갔다. 하지만 학교를 그만 두겠다는 생각은 그 후로도 오랫동안 변함이 없었다. 다행히도 겨울방학이 와 주었고, 나는 좀 더 여유를 가지고 아이를 기다릴 수 있었다. 내 부탁을 받은 친구의 설득으로 유리가 학교로 돌아온 것은 한참 뒤의 일이었다. 지금 유리는 새 학기를 맞아 언제 그랬느냐는 듯이 얼굴에 홍조가 가득한 채 교실과 복도를 휘젓고 다니고 있다.

학교에는 교사의 인간적인 지도를 거부하거나 어떤 다정한 손짓에도 반응을 보이지 않는 아이들이 있다. 어쩌면 그들은 더 확실한 사랑을 받고 싶어서 교사를 상대로 기다림의 인내를 시험하고 있는지도 모른다. 그러니 한 아이가 시야에서 소실점으로 사라질 때까지 가슴에 손을 얹고 사뭇 오랫동안 서 있어 볼 일이다.

　　　　　　　　　　　　

너의 거울 속에서도 가을이 깊어 가기를!

수업 시간에 거울을 자주 들여다보는 아이들이 있다. 가끔은 그 일로 아이들과 다툼이 일어나기도 한다. 한두 번 조용한 말로 타일러도 아랑곳하지 않고 거울을 보는 아이들은 그것이 수업보다도 더 중요하게 여겨지기 때문이리라. 사실 수업 시간에 거울을 보는 것은, 다른 사람의 수업을 방해하지 않는다는 점에서 큰 잘못은 아니다. 공부에는 관심도 없고 진도를 따라가기도 어려운 처지에 있는 아이들에게 수업 시간 내내 수업에 집중하라고 하는 것도 무리이다. 하지만 교사는 교사대로 수업 분위기를 잡아야 할 필요가 있고, 그 아이를 위해서도 거울을 보는 습관을 고쳐 줄 필요는 있다. 문제는 그 방법이겠는데, 아이를 나무라거나 비난하는 것보다는 마음을 담아 편지를 써서 전해 주는 것도 하나의 방법이다.

✉ 안녕!

조계산으로 가을 수련회를 다녀온 것이 지난주의 일인데 강원도와 전북 어디선가에는 첫눈이 내렸다고 하는구나. 날씨도 갑자기 추워져 몸이 으스스한 것이 겨울 기분이 들기도 한다. 하지만 아직 겨울은 아니야. 학교 교정에 서 있는 은행나무에 아직 파란 이파리가 남아 있는 것을 보아도 그렇지. 이렇게 늦은 가을을 한자어로 만추晩秋라고 한단다. 그래 지금은 늦은 가을, 곧 만추의 계절이야!

해마다 이맘때가 되면 나는 습관적으로 지난 시간을 돌아보곤 한단다. 어쩌면 나도 모르게 자연의 습성을 닮아 가고 있는지도 모르지. 가을걷이를 끝낸 텅 빈 들녘의 마음이라고나 할까? 다행히도 나에겐 한 해를 마감할 시간이 조금 남아 있구나. 그것은 너도 마찬가지일 거야. 문득 이런 생각을 해 본다. 너의 결실이 곧 나의 결실이라고. 우린 처음부터 그런 인연으로 만난 사이이니까.

어제 집에서 사진을 정리하다가 문득 네 생각을 했단다. 너는 산을 못 타 힘들어 뒤처지고, 나는 사진을 찍느라 뒤처져서는 우린 맨 꼴찌로 산을 오르고 있었지. 너무 힘들다고, 조금만 더 쉬었다가 가면 안 되겠느냐고, 다시 내려올 것을 왜 이런 고생을 해야 하느냐고, 그런 불평들을 늘어놓는 사이에 지나쳐 버린 가을 풍경들을 너에게 보여 주고 싶었단다.

네가 아름다운 가을 풍경을 놓친 것은 손거울 때문이기도 했지. 가을 가뭄 때문인지 예년보다 단풍 색깔이 별로였다가 산을 내려와서야 예쁜 단풍을 볼 수 있었는데 넌 거울을 보느라 정신이 없었거든. 넌 혹시 거울 속에 있는 너 자신을 가을 풍경보다도 더 사랑했을까? 만약 그렇다면 난 안심이야. 세상에서 무엇보다

   너의 겨울 속에서도 가을이 깊어 가기를!

중요한 것이 '나' 를 사랑하는 것이니까. 나를 사랑하지 않고서는 아무것도 사랑할 수 없으니까. 모든 사랑은 '나에 대한 사랑' 으로부터 출발하는 것이니까.

넌 수업 시간에도 자주 거울을 들여다보곤 했지. 한번은 앞으로 나와 기합을 받으면서도 거울을 보다가 나에게 된통 혼이 난 적도 있었지. 만약 이 세상에 거울이라는 것이 없었다면 너와 싸울 일도 없었을 거야. 넌 수업 시간에 거울을 자주 들여다보는 것 말고는 달리 혼날 만한 일을 한 적이 없으니까. 아니, 그 이상으로 넌 착하고 좋은 아이니까.

넌 혹시 거울을 들여다보며 너 자신과 만나고 있었을까? 그렇다면 난 안심이다. 이 세상에서 가장 중요한 것이 자신을 들여다보는 일이니까. 거울을 들여다보는 통에 수업 내용을 놓치는 것도 크게 걱정할 일은 아니지. 하루에도 수십 번씩 거울을 들여다보고 있으니 언젠가 거울 속의 '너' 가 거울 밖의 너를 향해 이렇게 말할지도 모르니까 말이야.

'너 지금 뭐하는 거야? 다른 친구들은 다 열심히 공부하는데 넌 거울만 들여다보고 있으면 어떡해? 그리해서 간호사가 되겠다던 네 꿈을 이룰 수 있겠어? 정신 차려 이것아!'

솔직히 말하면, 나는 너에 대해 아직은 안심이 안 된다. 넌 거울을 보면서 너를 만나고 있는 것이 아니라 네 얼굴 자체에만 신경을 쓰고 있기 때문이야. 내가 보기엔 가만두면 더 좋을 것을 자꾸만 얼굴에 뭔가를 바르는 것도 누군가에게 잘 보이고 싶은 마음이 너무 지나치기 때문이라는 생각이 드는구나. 그렇다고 네가 밉상도 아니고 오히려 그 반대일 수도 있는데 말이야. 난 네가 너 자신에 대해서 좀 더 당당했으면 해.

나도 나이를 먹었지만 가끔 거울을 본단다. 수업하다가 우연히 교실 뒤편에 있는 거울을 들여다볼 때도 있지. 그 거울 속에 드러나는 내 얼굴을 보면서 우선은 눈가의 주름이나 거칠어진 피부에 눈이 가는 것도 사실이야. 하지만 난 곧 이런 생각을 한단다.

'난 지금 잘하고 있는 걸까? 요즘 아이들에게 너무 화를 자주 내고 있는 것은 아닐까? 아이들에게 친절한 교사가 되겠다는 약속을 해 놓고 아이들 핑계만 대고 있는 것은 아닐까?'

지금 너와 나 사이에 가까스로 평화가 유지되고 있는 것도 어쩌면 거울을 보며 이런 생각을 한 덕분일 거야. 이제 네가 먼저 노력하는 모습을 보고 싶구나. 결실의 계절인 이 가을이 다 가기 전에 말이야. 잊지 말기 바란다. 너의 결실이 곧 나의 결실이라는 사실을. 너와 나는 그런 인연으로 만난 사이라는 것을.

그리고 너를 위해 기도하마. 아직은 거울과 작별할 마음이 없을 테니 너의 거울 속에서도 가을이 깊어 가기를! 열일곱 눈부신 나이에 늦가을 들녘을 건너고 있는 너의 삶의 열매가 풍성하고 견실해지기를!

  너의 거울 속에서도 가을이 깊어 가기를!

교사와 학생 사이에도 안전 속도가 있다

수업 시간에 유독 혼자서만 공책 정리를 하지 않는 아이가 있었다. 그 아이가 하필 반장이라 더 마음이 쓰였다. 언젠가는 반장이 되어서 공책 정리도 않느냐고 야단을 쳤다가 그 아이와 말다툼(?)할 뻔한 적이 있었다.

"반장이 돼서 공책 정리도 안 하면 어떡하니?"

"반장이라고 꼭 모범적이어야 한다는 법이 어디 있어요?"

"그래도 반장이면 다른 애들 하는 만큼은 해야지."

"그럼 공부 못하면 반장 못 하겠네요?"

"반장이 아니라도 학생이면 마땅히 공책 정리를 해야지."

"그럼 그렇게 말씀하시면 되잖아요."

그날 아이와 말다툼하지 않고, 할 뻔하다가 만 것은 다행히도 그날 우리의 대화가 이렇게 이어지지 않았기 때문이다.

“너 지금 나한테 반항하는 거야?”

“반항하는 거 아닌데요.”

“그럼 그 말버릇이 뭐야?”

“제 말버릇이 어땠는데요?”

“지금도 선생님한테 꼬박꼬박 말대꾸하고 있잖아. 제 할 일도 제대로 안 하면서.”

“그럼 선생님이 물어보셨는데 아무 말도 안 해요?”

이런 식의 대화에 휩싸이면 십중팔구는 그 뒤끝이 좋지 않다. 서로 감정만 상하고 아무것도 얻는 것이 없게 된다. 그것을 뻔히 알면서도 늘 일을 그르치고 난 뒤에야 후회하곤 하지만. 다행히도 그날은 컨디션이 좋아서 그랬는지 아이에게 감정을 품지 않고 은근슬쩍 작전상 후퇴를 한 것은 잘한 일이었다.

며칠 뒤였다. 그날도 그 아이는 여전히 혼자서만 공책 정리를 하지 않고 있었다. 그냥 내버려 두기도 뭐해서 조용히 다가가 이렇게 말을 걸었다.

“오늘도 공책 정리 안 할 거야?”

“네.”

“그럼 내일도 안 할 거고?”

“영원히 안 할 건데요.”

“그런 말이 어딨어?”

   교사와 학생 사이에도 안전 속도가 있다

"전 공부 안 해도 돼요. 나중에 미용사 될 거거든요."

"너 미용사가 되는 것이 꿈이야?"

"네."

"그런 꿈이 있는 줄 몰랐네? 네 꿈이 꼭 이루어지길 바란다."

"꼭 이룰 거예요."

그날 나는 미용사가 되어도 인간으로서 마땅히 갖추어야 할 지식이나 소양이 필요하다는 말을 해 주고 싶었지만 대화를 거기서 끝냈다. 그런 말이 아이에게 별 도움을 주지 못하리라는 판단에서였다. 오히려 그 아이가 나름대로 꿈을 가지고 있다는 사실이 기특하게 여겨져 어깨를 토닥이며 환한 미소를 지어 주었다.

또 며칠이 지났다. 반장인 그 아이가 담임선생님께 볼일이 있었는지 교무실에 들어오는 것이 보였다. 일을 끝내고 나가는 아이를 내가 불렀다.

"너에게 소원이 하나 있는데."

"무슨 소원인데요?"

"수업 시간에 공책 정리 하는 거."

"에이, 난 또 뭐라고?"

"농담 아니야. 너 공책 정리 하지 않는 거 자꾸만 마음이 쓰여. 널 포기한 것 같단 말이야. 선생님이 너 포기해도 좋아?"

"……"

"너 미용사가 되고 싶다고 했지? 난 네가 미용사가 되더라도 머리만 만질 줄 아는 미용사보다는 사람의 마음을 기쁘게 해 주고 감동시킬 줄 아는 미용사가 되었으면 해. 그래야 미용실을 찾는 손님도 많아지고 돈도 많이 벌 거 아니야. 그런데 네가 뭘 알아야 손님들과 대화도 나누고 감동도 주고 그러지. 네가 운영하는 미용실에 외국인들이 올 수도 있잖아. 영어를 유창하게 잘하지는 못해도 수업 시간에 배운 거라도 써먹으면 좋잖아. 얼마나 폼 나겠어? 선생님이 공책 정리를 하라는 것은 공부를 포기하지 말란 말이야. 알았지?"

그 후 아이의 수업 태도가 많이 달라진 것은 아니다. 그래도 내가 공책 정리를 하라고 하면 마지못해 하는 시늉이라도 낸다. 때로는 아이의 더딘 변화가 답답하게 느껴질 때가 있다. 솔직히 조금은 화가 나기도 한다. 그럴 때마다 이런 생각을 해 본다. 학생과 교사 사이에는 '안전 속도'라는 것이 있어서 그것을 어기면 탈이 날 수도 있다고.

요즘은 느린 속도로 아이에게 다가가는 것이 몸에 배어 마음이 참 편하다. 흥미로운 것은 내 생각이나 행동이 느려진 만큼 아이들을 쉽게 포기하는 일도 없어졌다는 점이다. 가끔은 어쩔 수 없이 아이들과 볼썽사나운 말다툼에 휩싸이기도 한다. 그때는 어디쯤에선가 멈출 수 있는 자제력이 필요하다. 격렬한 감정싸움에 휘말려 말실수라도 하게 되면 아이들은 끈덕지게 교사의 말꼬리를 잡고 늘어진다. 그런 경우, 그 진창에서 빠져나올 수 있는 유일한 길은 솔직히 잘못을 시인하고 사과하는 것뿐이다. 그것이 어디 쉬운 일이냐고 반문할 수도 있겠지만 생각하기에 따라서는 그다지 어려운 일도 아니다.

교사가 학생에게 잘못을 솔직히 시인하는 것은 어쩌면 학생들에게 교사의 진심과 인격을 보여 주는 좋은 기회가 될 수도 있다. 하지만 대부분은 그런 좋은 기회를 놓치고 만다. 왜 그럴까? 인간은 감정의 동물이라서? 맞는 말이다. 하지만 그게 다는 아니다. 더 중요한 이유가 있다. 그것은 교사가 아이들을 잘 모른다는 것. 교사의 진심을 감별할 수 있는 능력이 아이들에게 있을 리가 없다고 얕잡아 보는 것. 이 사실을 인정하게 되면 아이들을 만나기가 훨씬 쉬워진다.

                      나는 네게 틈새가 되고 싶다

851번째 마지막 생일 시를 썼습니다

솔비 엄마는 솔비를 '똘비'라고 부른다. 솔비라는 이름도 예쁘지만 똘비라고 부르면 왠지 더 친근한 느낌이 드는 것 같다. 그래서 나도 가끔은 솔비를 똘비라고 부른다. 솔비는 성격이 활달하고 오지랖이 넓은 제 엄마와는 달리 내성적인 구석이 있어서 좀 친해지려고 은근슬쩍 수작을 부려도 통 곁을 주지 않았다. 그래도 순둥이가 생일 시는 받고 싶었는지 늦은 밤에 두 문장으로 된 짧은 편지를 보내왔다.

✉ 선생님 맞아요?

　저 솔비예요.

나에게 생일 시를 받으려면 먼저 내게 메일을 보내야 한다. 한 줄 보내오면 열 줄로 답장을 해 주지만 일단 시작은 아이들이 먼저 해야 한다. 먼저 편지를 안 보내면 절대로 생일 시를 써 주지 않겠다고 협박(?)을 하면 대다수 아이는 마지못해서라도 편지를 보내온다. 먼저 편지를 쓰게 하는 것은 그들이 사랑의 대상으로만 머물지 않고 사랑의 주체가 되어 주길 바라는 마음에서다. 솔비가 일단 메일 주소를 확인하고 싶어 한 것 같아서 곧바로 답장을 보냈다.

✉ 몸은 좀 어떠냐? 좀 괜찮아진 모양이구나.

선생님 메일 맞으니까 마음 놓고 편지 쓰거라.

그럼, 이만.

답장을 써서 보낸 뒤 30분이 채 못 되어 솔비에게 편지가 왔다.

✉ 선생님 안녕하세요?

아까 와서 푹 쉬었어요. 이제 끄떡없어요.^^ 전 꿈이 사육사와 유치원 선생님이었어요. 근데 유치원 선생님을 하고 싶던 마음이 더 컸던 거 같아요. 아이들도 볼 수 있고 좋을 것 같았거든요. 헤헤^^ 근데 고등학교는 취업할 마음으로 온 거였어요. 2학년 때는 더 확실해졌고요! 취업하구 안정적인 형편이 되면 대학도 가구 그 꿈도 생각해 보려고요. 그때까진 꿈을 미뤄 둘 거예요. 만약 3학년 때 대학이 가고 싶어진다면 다시 바꾸면 되는 거구요. 여기까지인 거 같아요. 제 꿈 이야기는! 선생님, 사랑해요♡

✉ 사랑하는 똘비에게~

우리 똘비는 알까 모를까? 담탱이가 똘비를 얼마나 아끼고 사랑하는지. 똘비도 선생님 사랑한다고 했네? 그냥 하는 말이라도 참 좋다! 정말이라고? 그럼 얼씨구나 더 좋고.^^ 취업을 생각하며 잠시 꿈을 접어 두겠다고 했는데 그것도 좋은 결정이라고 생각해. 자신의 처지를 아랑곳하지 않고 무조건 대학에 들어가려는 사람보다 더 실속이 있는 기특한 생각을 한 거지. 취업을 먼저 하고 나중에 정말 그걸 하고 싶을 때 다시 도전해서 대학에 가게 된다면 공부할 맘도 더 나고 성공할 가능성도 커질 거야.

사실 우리보다 훨씬 더 잘사는 선진국에서는 고등학교만 졸업하고 취업을 해서 어른으로서 삶을 시작하는 사람들이 더 많단다. 그러다가 정말 공부하고 싶거나 자신의 꿈을 업그레이드하고 싶을 때 자신의 의지로 대학에 가서 공부하는 거지. 그것이 옳다고 나는 생각해. 그러니까 우리 똘비도 진로를 잘 정한 셈이지. 다만, 사육사가 되든지 유치원 교사가 되든지 강파른 현실 때문에 너의 꿈이 시들지 않도록 잘 간수하기 바란다. 알았지? 오늘은 여기서 줄일게. 좋은 꿈 꾸거라.

✉ 네~선생님두 안녕히 주무세요ㅎ

내일 봬요!

✉ 내일 봬요~ 그랬는데 벌써 내일이다. 근데 생일날 아파서 우짜노? 오늘 학교에

 851번째 마지막 생일 시를 썼습니다

오면 아이들에게 생일 축하 인사 먼저 받고 오늘내일 사이 생일 시를 써서 월요일에 전해 주마. 편지 안 보낸 녀석들 배가 많이 아프겠다, 그치? 주말 동안 몸 관리 잘하고 얼마 남지 않은 방학인데 끝마무리 잘하도록 하거라. 그럼 이따 보자. 사랑하는 담탱이 씀.

생일 시는 다음 날 써서 아이에게 전해 주었다. 몇 년이 채 남지 않은 정년 등을 고려해 볼 때 제자에게 주는 마지막 생일 시가 될지 모르겠다는 생각을 하면서. 그동안 제자들에게 써 준 생일 시가 어림잡아 850여 편. 그동안 내가 담임을 맡았던 제자들의 수와 엇비슷하다. 다음은 우리 똘비, 아니 솔비에게 준 851번째 생일 시다. 단 한 사람을 위한.

솔비는 알까 모를까?

솔비라고 해도 예쁘고

똘비라고 해도 예쁘고

초승달 같은 얼굴은 더 예쁘고

배추 속잎처럼 여린듯하면서도

속이 꽉 찬 그 마음은

그중 가장 예쁘고.

솔비는 알까 모를까?

담탱이가 저를 얼마나 사랑하는지를

오늘 편지 보니

똘비도 선생님 사랑한다고 썼는데

그냥 하는 말이라도 좋고

그 거짓말이 참말이라면

얼씨구나 더 좋고. ^^

유치원 교사가 되거나

사육사가 되고 싶은 것이

어릴 적 꿈이었는데

지금은 취업을 위해

꿈을 잠시 접어 두겠다고 했구나.

남이 대학 가니까

무작정 따라가는 것은

철없고 바보 같은 짓이지.

그보다는 우리 똘비처럼

똘똘한 자기 생각으로

자신의 길을 열어 가는 것이

백번이나 잘한 일이지.

다만, 가끔은

하늘의 별을 바라보는 것도 좋지.

강파른 현실 때문에

어릴 적 꿈이 시들지 않도록

네 마음의 샘물이

마르지 않도록.

생일을 축하한다, 솔비야

너의 탄생을, 너의 새로운 시작을.

솔비는 올해 3학년 졸업반이 되었다. 여름방학을 며칠 앞두고 우연히 복도에서 만났는데 환한 표정으로 취업 시험에 최종 합격했다고 내게 말해 주었다. 그 말을 듣자 너무 기쁜 나머지 나도 모르게 아이의 손을 와락 잡고 말았는데, 어찌 된 일인지 녀석이 손을 뺄 생각을 하지 않았다. 그러기는커녕 나를 빤히 바라보고 한참 수다를 떠는 것이 좀처럼 곁을 주지 않던 예전의 모습과는 사뭇 달라 보였다. 내가 먼저 손을 빼며 솔비에게 이렇게 말했다.

"이제야 내 딸 같네!"

무한으로서 타자他者

올해 내가 맡은 청소 구역은 학교 운동장이다. 교문에서 보자면 운동장 오른편에는 온갖 꽃들이 피어 있는 화단이 있고, 왼편에는 소나무나 은행나무 등이 줄지어 서 있는 석조 스탠드가 있다. 거기까지가 청소 구역이니 꽤 넓은 편이다. 그렇다고 청소 구역에 대한 불만이 있는 것은 아니다. 오히려 나는 내 청소 구역이 퍽 마음에 든다.

적어도 하루에 한 번 아이들과 함께 학교 운동장 흙길을 밟을 수 있기 때문이다. 누군가 꽃밭에 버린 과자 봉지를 주우면서 꽃들과 눈인사를 나눌 수도 있다. 스탠드에 떨어진 은행잎은 멋진 가을 풍경을 자아내고 있으니 매일 쓸 필요는 없다. 그냥 바라보거나 한두 장 주워서 책갈피에 끼워 넣으면 된다. 아이들에게도 이런 말을 해 주었다.

"일단 청소 종이 치면 기분 좋게 운동장에 나오는 거야. 왜? 청소 시간에 공부 안 하잖아. 물론 공부 대신 청소를 하긴 하지만 우린 청소한다고 생각하지 말고 운동장을 산책한다고 생각하잔 말이야. 꽃밭 주변이나 운동장을 걷다가 과자 봉지나 쓰레기 같은 것이 눈에 띄면 허리 운동도 할 겸 잠깐 멈추고 줍는 거야. 청소 시간에 선생님처럼 책을 들고 나와도 돼. 책도 읽고 산책도 하고 청소도 하고. 일거삼득이잖아?"

이런 말을 하면 아이들은 서로 얼굴을 바라보며 킥킥 웃는다. 내가 사용한 언어들이 낯설기 때문이리라. 하지만 그런 웃음 끝에 비치는 조금은 진지해진 표정의 변화를 읽을 수가 있다. 평소 반항기가 있어 보이는 아이들일수록 그 변화의 정도가 심하다. 그들의 눈을 보면 알 수 있다. 철학자 레비나스의 말처럼 아이들을 '전체'로 만나지 않고 '사람끼리 서로 마주하는' 관계가 되다 보면.

어느 날 시내 출장을 마치고 청소 시간이 조금 넘어서 학교로 돌아오는데 아이들이 삼삼오오 짝을 지어 운동장을 걷고 있는 모습이 보였다. 손에 책을 들고 있는 아이는 없었지만 친구들과 대화를 하면서 걷다가 휴지를 줍고, 또 걷다가 휴지를 줍는 광경을 보자 마음이 뭉클했다. 청소 시간마다 짜증을 부려야 겨우 몸을 움직일까 말까 한 아이들이 감시하는 사람이 없어도 스스로 청소하는 모습이 대견스러웠고, 무엇보다도 아이들이 한가롭게 운동장을 거닐

   나는 네게 틈새가 되고 싶다

며 청소 시간을 즐기고 있는 모습이 행복해 보였던 것이다.

또 어느 날인가는 아이들을 먼저 보내고 책을 읽으면서 찬찬한 걸음으로 운동장을 가로질러 가는데 어디선가 나를 부르는 소리가 들렸다. 책에서 눈을 떼고 소리가 나는 쪽을 바라보니 2층 창가에서 아이들이 나를 향해 손을 흔드는 모습이 보였다. 그중 한 아이가 이렇게 소리쳤다.

"선생님, 멋있어요. 선생님 사랑해요!"

책을 읽기는 싫어해도 책을 읽고 있는 교사의 모습은 좋아 보였을까? 그날 내가 읽고 있고 있던 책은 강신주의《철학적 시 읽기의 즐거움》이었다. 굳이 책 제목을 밝히는 것은 이 책에서 더할 수 없는 위안과 내가 교사로서 살아가는 데 지침이 될 만한 대목을 만났기 때문이다. 조금 길지만 인용해 본다.

예를 들어 밥숟갈로 이리저리 음식을 뒤적거리고 있는 중학생 아들의 모습을 보면서 아들이 공부하는 것에 싫증이 나서 또 게임이나 하려고 저러는 것이라고 미리 짐작하는 부모가 있다고 해 보지요. 사실 이런 식으로 자녀를 판단하는 태도가 '전체' 의 입장에서 생각하는 것이라고도 볼 수 있습니다. 자식의 속내를 투명한 유리 속 보듯이 빤히 꿰뚫어 보고 있다고 생각할 수 있으니까요. 반면 자식의 마음속이 마치 어두운 열 길 물속과 같다고 느껴서 도대체 무슨 생각을 하는지 알 수 없다는 갑갑함을 느낄 때, 이 순간 부모는 자식을 일종의 '무한' 처럼

　　　　무한으로서 타자他者

상대하고 있다고 볼 수 있습니다.

레비나스에 따르면 '전체'의 자세를 취하는 것은 내가 타자의 속내를 모두 알수 있다는 오만함을 나타내는 것이고, 반대로 '무한'의 자세를 취하는 것은 타자의 속내를 끝내 알 수 없다는 겸손함을 유지하는 것이라고도 할 수 있지요. 이런 맥락에서 전체주의의 사고가 왜 위험한지 그리 어렵지 않게 알 수 있습니다.

학교에는 아이들을 잘 안다고 스스로 믿고 있는 교사가 있는가 하면, 아이들을 잘 모른다고 생각하는 교사도 있다. 나는 후자 쪽이다. 이것이 나의 무능함에 대한 고백이라고 해도 어쩔 수 없다. 나는 정말 아이들을 잘 모른다. 헌데 아이들을 잘 모르는 것이 오히려 교육 활동에 유익할 때도 있다.

가령, 청소 시간에 말을 잘 안 듣는 아이들을 보면서 내가 그들을 잘 안다고 말한다면 그것은 그들의 부정적인 면모를 염두에 두고 한 말일 것이다. 그리고 만약 내가 그런 생각에 갇혀 있다면, 아이들에게 운동장을 산책하면서 청소 시간을 즐겨 보라는 말을 아예 꺼내지도 못했을 것이다. 나는 아이들을 잘 몰랐고, 아이들을 '무한'처럼 여겼기에 그런 제안을 할 수 있지 않았을까?

윤주란 아이가 있다. 키가 작고 얼굴은 동그란, 깜찍하고 생기가 넘치는 아이였다. 공부를 썩 잘한 편은 아니었지만 수업 태도는 그런대로 괜찮았다. 무엇보다도 제 영어 선생인 나를 좋아하고 잘 따

나는 세계 틈새가 되고 싶다

랐다. 그런데 수업 시간에 보면 윤주의 얼굴은 하얗게 회벽을 칠한 듯했다. 그 짙은 화장이 감추고 있는 피부는 이미 어린 학생의 것이 아니었다. 중학교 때부터 여린 피부에 화장을 하다 보니 피부에 부작용 현상이 일어났고, 그것을 감추려다 보니 피부의 상태가 더 나빠지는 악순환이 반복되고 있었다. 더구나 윤주는 흡연자이기도 했다.

하지만 윤주에게는 다른 일면이 있었다. 가끔은 나를 빤히 바라보는 눈빛 속에서 아이의 내면에 감추어진 어떤 성숙함이 느껴지곤 했다. 여성성을 갖춘 예비 어른이라고나 할까? 윤주가 화장을 하는 것도 그런 식으로 여겨 주고 싶었다. 물론 화장은 학생 신분에 어긋나는 행동임이 분명하다. 더욱이 지나친 화장은 어린 피부를 손상할 위험마저 있다. 하지만 내가 정작 염려한 것은 그런 것이 아니었다. 언젠가 윤주에게 해 준 말이다.

"지금 네가 고등학생이니까 불과 이삼 년만 있으면 누구의 눈치도 안 보고 화장을 할 나이가 돼. 그리고 난 네가 지금 화장을 하는 것을 몹시 나쁘게 생각하지 않아. 그런데 화장을 하는 이유가 뭐야? 그건 남학생들에게 예쁘게 보이고 싶어서 아닌가? 나는 그것이 못마땅한 거야. 왜 그래야 해? 네 피부까지 상해 가면서 왜 남자들에게 잘 보여야 하느냐고? 남자들이 여자에게 잘 보이려고 노력하게 할 수도 있잖아. 내가 너에게 잘 보이려고 하는 것처럼."

무한으로서 타자(他者)

이런 대화가 오간 며칠 뒤였다. 하루는 윤주가 무슨 잘못을 했는지 교무실 복도에서 무릎을 꿇고 앉아 있었다. 아마도 화장실에서 담배를 피우다 걸린 것 같았다. 학교에서는 흔히 볼 수 있는 광경이지만, 그날따라 아이의 모습이 그렇게 초라해 보일 수가 없었다. 마침 그때 담임선생님이 복도를 지나가다가 큰소리로 야단을 치자 마치 고양이 앞의 생쥐처럼 아이의 몸이 움츠러들었다. 그 모습을 보자 슬픈 생각이 들면서 머리가 복잡해졌다.

'저것이 윤주의 진짜 모습일까? 그렇다면 그동안 나는 저 아이를 현실이 아닌 환상 속에서 만나고 있었던 것은 아닐까?

잠시 후, 담임선생님이 교무실로 들어가자 나는 잠깐 동안 아이의 옆에 반 무릎 자세로 앉아 있었다. 아이가 미안한 듯 고개를 들어 나를 바라보았는데, 그 눈빛에선 전에 보아 온 당돌하고 성숙한 표정을 읽어 낼 수 없었다. 하지만 한 가지 달라진 점이 있었다. 나는 갑자기 들뜬 목소리로 아이에게 이렇게 물었다.

"오늘은 화장 안 했네?"

"예. 선크림만 조금 발랐어요."

"왜 그런 거야? 왜 오늘은 화장을 안 한 거야?"

"선생님께서 지난번에 말씀하셨잖아요? 남학생들에게 예쁘게 보일 필요 없다고."

"그래서 선생님 말 듣고 화장 안 한 거야?"

나는 네게 틈새가 되고 싶다

"예. 그리고 피부도 나빠지고요."

그 말에 내가 기쁨의 웃음을 환히 지어 보이자 윤주의 표정도 차츰 달라졌다. 그러더니 이내 윤주는 수업 시간이면 나를 빤히 바라보던 예전의 모습으로 돌아와 있었다. 문제 학생이 아닌 인간의 눈빛을 가진 아이로.

지금도 나는 윤주를 잘 모른다. 아는 부분도 있지만 모르는 부분이 더 많다. 이 아이가 앞으로 어떤 삶을 살아가게 될지는 더더욱 알 수가 없다. 레비나스의 말을 빌리자면, 윤주는 내게 '무한으로서 타자'인 것이다. 나는 그것을 알고 있고, 교사인 나에게 이 앎이 소중하다는 것도 여실히 알고 있다.

  무한으로서 타자他者

교육공동체 벗

교육공동체 벗은 협동조합을 모델로 하는 작은 지식공동체입니다.
협동조합은 공통의 목적을 가진 사람들이 모여서 만든
권력과 자본으로부터 독립된 경제조직입니다.
교육공동체 벗의 모든 사업은 조합원들이 내는 출자금과
조합비로 운영됩니다.
수익을 목적으로 하지 않기에 이윤을 좇기보다
조합원들의 삶과 성장에 필요한 일들과
교육운동에 보탬이 될 수 있는 사업들을 먼저 생각합니다.
정론직필의 교육전문지, 시류에 휩쓸리지 않는 정직한 책들,
함께 배우고 나누며 성장하는 배움 공간 등
우리 교육 현실에 필요한 것들을 우리 힘으로 만들고 함께 나누고 있습니다.

조합원 참여 안내

출자금(1구좌 일반 : 2만 원, 터잡기 : 50만 원)을 낸 후 조합비(월 1만 원 이상)를 약정해 주시면 됩니다. 조합원으로 참여하시면 교육공동체 벗에서 내는 격월간 교육전문지 《오늘의 교육》과 조합 회지 〈벗마을 이야기〉를 받아 보실 수 있습니다. 출자금은 종잣돈으로 가입할 때 한 번만 내시면 됩니다. 조합을 탈퇴하거나 조합 해산 시 정관에 따라 반환합니다. 터잡기 조합원은 벗의 터전을 함께 다지는 데 의미와 보람을 두며 권리와 의무에서 일반 조합원과 차이는 없습니다. 아래 홈페이지나 카페에서 조합 가입 신청서를 내려받아 작성하신 후 메일이나 팩스로 보내 주세요.

홈페이지	communebut.com
카 페	cafe.daum.net/communebut
이 메 일	communebut@hanmail.net
전 화	02-332-0712, 070-8250-0712
팩 스	0505-115-0712

교육공동체 벗을 만드는 사람들

※ 하파타 순

후쿠시마 미노리, 황호연, 황진원, 황지영, 황정하, 황정일, 황정인, 황정원, 황정욱, 황이경, 황은복, 황윤호성, 황승옥, 황순임, 황봉희, 황미숙, 황기철, 황금희, 황규선, 황귀남, 황고운, 황경희, 홍유지, 홍용덕, 홍순성, 홍세화, 홍성은, 홍성구, 홍석근, 홍미영, 현복실, 현미열, 효효인, 허진혁, 허은실, 허수욱, 허성균, 허보영, 함점순, 함영기, 한학범, 한지희, 한정혜, 한은옥, 한영욱, 한영선, 한승희, 한승모, 한소영, 한성찬, 한봉순, 한민혁, 한만중, 한날, 한기현, 한경희, 하혜영, 하정호, 하인호, 하외정, 하승우, 하승수, 하순배, 하광봉, 탁동철, 최희성, 최환근, 최현우, 최현미a, 최현미b, 최창기, 최진규, 최주연, 최종순, 최종민, 최정윤, 최정아, 최인섭, 최은희, 최은혜, 최은정, 최은아, 최은순, 최은숙a, 최은숙b, 최은미, 최은경, 최윤미, 최원혜, 최용기, 최영식, 최영락, 최연희, 최연정, 최애영, 최애리, 최승훈, 최슬빈, 최선영a, 최선영b, 최봉선, 최보람, 최병우, 최미영, 최미선, 최마나, 최미경, 최문정, 최문선, 최동혁, 최대현, 최기호, 최광용, 최광락, 최고봉, 최경미, 최경련, 채효정, 채현숙, 채종민, 채옥엽, 차용훈, 진현, 진주형, 진유미, 진용용, 진영효, 진영준, 진수영, 진만현, 진냥, 지향수, 지정순, 지은미, 지윤경, 지수연, 주윤아, 주순영, 주수원, 주경희, 조희정a, 조희정b, 조형숙, 조향미, 조해수, 조하늘, 조진희, 조진석, 조지연, 조준혁, 조주원, 조정희, 조인재, 조응현, 조윤성, 조원배, 조용진, 조영현, 조영옥, 조영실, 조영선, 조영란, 조여은, 조여경, 조수진, 조성희, 조성진, 조성언, 조성실, 조성대, 조선주, 조석현, 조석영, 조상희, 조미라, 조문경, 조두형, 조경원, 조경애, 조경아, 조경삼, 제남모, 정희영, 정희선, 정흥윤, 정혜령, 정현주a, 정현주b, 정현숙a, 정현숙b, 정혜레나, 정춘수, 정철성, 정진영a, 정진영b, 정진규, 정종민, 정재학, 정인영, 정이든, 정은희, 정은주, 정은균, 정유진a, 정유진b, 정유숙, 정유섭, 정원석, 정용주, 정영현, 정영수, 정애순, 정애숙, 정수연, 정선희, 정상희, 정부교, 정보라a, 정보라b, 정미옥, 정미라, 정명옥, 정명영, 정득년, 정기진, 정광호, 정광필, 정광일, 정관모, 정경진, 정경원, 전혜원a, 전혜원b, 전정희, 전유미, 전상보, 전보선, 전병기, 전민기, 전미학, 전미옥, 전미영, 장효영, 장흥월, 장혜진, 장혜옥, 장혜경, 장현주, 장주섭, 장종성, 장재화, 장재혁, 장인수, 장은하, 장은미, 장윤영, 장원영, 장영희, 장영경, 장시준, 장슬기, 장산아, 장상욱, 장병학, 장도현, 장근영, 장군, 임혜정, 임현숙, 임향신, 임한철, 임지영, 임중혁, 임종길, 임정ంa, 임정은b, 임전수, 임양미, 임수진, 임성빈, 임성무, 임선영, 임상진, 임명택, 임동헌, 임덕연, 임금록, 이희옥, 이효진, 이화현, 이화숙, 이호진, 이혜정, 이혜숙, 이혜린, 이형환, 이형빈, 이현주, 이현종, 이현익, 이현민, 이현, 이혁규, 이향숙, 이한진, 이태영a, 이태영b, 이태규, 이충익, 이충근, 이초록, 이창건, 이진희, 이진주, 이진숙, 이지혜, 이지현, 이지향, 이지영a, 이지영b, 이지연, 이준구, 이주희, 이주탁, 이주영, 이종찬, 이종은, 이정희a, 이정희b, 이정희c, 이정현, 이정윤, 이정연, 이재형, 이재익, 이재두, 이인사, 이응휘, 이은희, 이은진, 이은주a, 이은주b, 이은주c, 이은옥, 이은영a, 이은영b, 이은숙, 이은경, 이윤주, 이윤엽, 이윤승, 이윤선, 이윤미a, 이윤미b, 이윤경, 이유진, 이월녀, 이원님, 이원서, 이우진, 이용환, 이용석a, 이용석b, 이용상, 이용기, 이영화a, 이영화b, 이영호a, 이영호b, 이영혜, 이영주a, 이영주b, 이영아, 이영산a, 이영산b, 이영상, 이연진, 이연주, 이연숙, 이연수, 이애영, 이아리따, 이신희, 이승헌, 이승태, 이승윤, 이승열, 이승연, 이승아, 이슬기a, 이슬기b, 이순임, 이수정, 이수미, 이소형, 이성원, 이성숙, 이성수, 이성구, 이설희, 이선희, 이선표, 이선용, 이선영, 이선애, 이선미, 이상훈, 이상직, 이상원, 이상영, 이상미, 이상대, 이상균, 이분자, 이보선, 이보라, 이병준, 이병재, 이병곤, 이범희, 이민재, 이만아, 이만숙, 이만수, 이만동, 이미옥, 이미영, 이미연a, 이미연b, 이미숙a, 이미숙b, 이미라, 이미, 이명형, 이매남, 이동훈, 이동철, 이동준, 이동범, 이동갑, 이도종, 이도연, 이덕주, 이남숙, 이난영, 이나경, 이기영, 이기규, 이근희, 이근철, 이근준, 이근영, 이균호, 이교열, 이광연, 이관형, 이계삼, 이경진, 이경욱, 이경언, 이경아, 이경림, 이건진, 이갑순, 윤홍은, 윤지형, 윤종원, 윤우람, 윤영훈, 윤영인, 윤영백, 윤여강, 윤승용, 윤석, 윤상혁, 윤병일, 윤규식, 육신혜, 유효성, 유은아, 유영길, 유성희, 유성상, 유근란, 위양자, 원지영, 원종희, 원윤희, 원성제, 우창숙, 우지영, 우완, 우수경, 우성조, 우경숙, 오혜원, 오현진, 오중근, 오정희, 오정분, 오은정, 오은경, 오윤주, 오유진, 오승훈, 오세희, 오세연, 오세란, 오상철, 오민식, 오명환, 오동석, 오경숙, 염정화, 염정신, 어희영, 여태전, 엄창호, 엄지선, 엄재홍, 엄영숙, 엄기호, 엄귀영, 양희전, 양해준, 양지선, 양은주, 양승숙, 양운신, 양영희, 양애정, 양선화, 양선형, 양서영, 양상진, 양동기, 안효비, 안혜초, 故안혜영(명예조합원), 안찬원, 안지현, 안지윤, 안준철, 안정선, 안정민, 안재성, 안윤숙, 안용덕, 안옥수, 안순역, 안선영, 안상태, 안경화, 심형일, 심은보, 심승희, 심수환, 심동우, 심규장, 심경일, 신희정, 신홍식, 신혜선, 신충일, 신창호, 신창복, 신중휘, 신은정, 신은숙, 신은경, 신유준, 신영숙, 신소희, 신미옥, 신귀애, 신관식, 송화원, 송호영, 송혜란, 송현주, 송잔아, 송정은, 송윤희, 송용석, 송승훈, 송순재, 송송이, 송명숙, 송근희, 손호만, 손한아, 손진근, 손재덕, 손은경, 손소영, 손미, 손명선, 소수영, 성현주, 성현석, 성주연, 성유진, 성용혜, 성열관, 설은주, 설월민, 선미라, 석경순, 서혜진, 서혜원, 서정오, 서인선, 서은지, 서윤수, 서우철, 서예원, 서승일, 서명숙, 서금자, 서근원, 서경훈, 서경선, 상형규, 복헌수, 복준수, 변현숙, 변규석, 백홍미, 백현희, 백지연, 백인식, 백영호, 백승범, 백기열, 배희철, 배희숙, 배진희, 배주영, 배정원, 배일훈, 배이상헌, 배영진, 배아영, 배성호, 배기표, 배경내, 방은아, 방성억, 방득일, 반영진, 박희진, 박희영, 박효정, 박효수, 박환조, 박혜숙, 박형진, 박형일, 박현희a, 박현희b, 박현주, 박현숙, 박현선, 박춘애, 박춘배, 박철호, 박진환, 박진숙, 박진수, 박진교, 박지희, 박지홍, 박지인, 박지원, 박지선, 박지나, 박종호, 박종하, 박정현, 박정아, 박정미, 박재현, 박은하, 박은아,

박은성, 박은경a, 박은경b, 박윤희, 박용빈, 박옥주, 박옥균, 박영실, 박영미, 박영대, 박신자, 박승철, 박숙현, 박수현, 박수진a, 박수진b, 박수연, 박소영a, 박소영b, 박성현, 박성규, 박선희, 박선혜, 박선영, 박상준, 박복선, 박범이, 박미희, 박명희, 박명진, 박명숙, 박래훈, 박동준, 박도정, 박덕수, 박대성, 박노해, 박노한, 박나실, 박고형준, 박계도, 박경화, 박경진, 박경주, 박경이, 박건형, 박건진, 민형기, 민애경, 민병성, 미류, 문희영, 故문홍빈(명예조합원), 문진숙, 문지훈, 문용석, 문영주, 문순창, 문순옥, 문수현, 문수영, 문수경, 문세이, 문성철, 문봉선, 문미정, 문명순, 문경희, 모은정, 모영화, 명수민, 마연주, 마승희, 림보, 류형우, 류창모, 류지남, 류정희, 류재향, 류원정, 류우종, 류영애, 류명숙, 류경원, 도정철, 도인정, 데와 타카유키, 노영필, 노영민, 노상경, 노미화, 노미경, 노경미, 남효숙, 남주형, 남유미, 남유경, 남원호, 남예린, 남선우, 남미자, 남동현, 남궁역, 날맹, 나규환, 김희정, 김희옥, 김흥규, 김훈태, 김효정, 김효승, 김환희, 김홍규, 김혜영, 김혜민, 김혜림, 김형우, 김형영, 김형렬, 김형근, 김현진, 김현준, 김현주, 김현조, 김현정, 김현영, 김현실, 김현선, 김현경, 김현, 김현택, 김필임, 김태정, 김태욱, 김춘성, 김창진, 김찬영, 김진희a, 김진희b, 김진숙, 김진명, 김진, 김지훈, 김지현, 김지연a, 김지연b, 김자양, 김지미, 김지광, 김중미, 김준휘, 김준연, 김준산, 김주기, 김종현, 김종원, 김종욱, 김종성, 김종만, 김정희, 김정현, 김정주, 김정식, 김정섭, 김정삼, 김정기, 김정규, 김재향, 김재원, 김재민, 김장환, 김인순, 김이은, 김이상, 김이민경, 김은희a, 김은희b, 김은파, 김은진, 김은영, 김은아, 김은식, 김은숙, 김은남, 김은규, 김은경, 김윤창, 김윤주a, 김윤주b, 김윤정, 김윤자, 김윤우, 김유정, 김유미, 김우영, 김우, 김용훈, 김용양, 김용섭, 김용만, 김용란, 김용기, 김요한, 김영희, 김영진a, 김영진b, 김영주a, 김영주b, 김영주c, 김영자, 김영아, 김영순, 김영삼, 김연정, 김연일, 김연오, 김연미, 김애숙, 김애령, 김시내, 김승규, 김순희, 김순천, 김수현a, 김수현b, 김수진a, 김수진b, 김수진c, 김수정a, 김수정b, 김수정c, 김수정d, 김수경, 김소희a, 김소희b, 김소영, 김세호, 김성진, 김성중, 김성애, 김성숙, 김성수, 김성보, 김샬아, 김선희, 김선우, 김선산, 김선구, 김선경, 김석준, 김석규, 김상희, 김상정, 김상일, 김상숙, 김상남, 김상기, 김봉석, 김보현, 김병희, 김병혼, 김병주, 김병섭, 김병기, 김범주, 김방년, 김민희, 김민제, 김민정, 김민수a, 김민수b, 김민곤, 김미향a, 김미향b, 김미정, 김미숙, 김미라, 김무영, 김묘선, 김명희a, 김명희b, 김명섭, 김록성, 김동현, 김동춘, 김동일, 김동이, 김도형, 김도현, 김도연, 김도석, 김대현, 김대성, 김다희, 김다영, 김남철, 김남규, 김기오, 김가언, 김규항, 김규태, 김규리, 김광명, 김고종호, 김경호, 김경일, 김경엽, 김경연, 김경숙a, 김경숙b, 김경미, 김가영, 김가연, 기호철, 기형훈, 기세라, 기선인, 금현진, 금현옥, 금명순, 권혜영, 권현영, 권재옥, 권자영, 권이근, 국찬석, 구희숙, 구자숙, 구완회, 구수연, 구본희, 구미숙, 꽹이눈, 광흠, 곽혜영, 곽현주, 곽진경, 곽노현, 곽노근, 곽경미, 공현, 공은미, 공영아, 고효선, 고춘식, 고은정, 고은미, 고영주, 고영아, 고병헌, 고병연, 고민경, 강현주, 강현정, 강태식, 강진영, 강준희, 강이진, 강은정, 강영일, 강영구, 강순원, 강수미, 강수돌, 강성호, 강성규, 강선희, 강석도, 강서형, 강봉구, 강병용, 강곤, 강경미, 강경모

※ 2016년 6월 1일 기준 1,058명

* 이 책의 본문은 재생 용지를 사용해서 만들었습니다.
* 자원 재활용을 위해 표지 코팅을 하지 않았습니다